매천 황현과

매미의 철학

김영봉 에세이

수필과비평사

매천 황현과

매미의 철학

김영붕 에세이

수필과비평사

| 작가의 말 |

대학 시절, 사학史學을 전공하면서 매천梅泉 황현黃玹(1855~1910) 선생이 쓴 『매천야록梅泉野錄』을 읽고 큰 감명을 받았다. 그 영향을 받아 선생이 써놓은, 아무도 번역하지 아니한 방대한 분량의 한시漢詩를 보고 그 내용이 무엇인지 참으로 궁금했다.

"시인을 이해하고 싶으면 시인의 나라에 들어가야 한다."는 괴테의 말처럼, 강한 호기심을 갖고 황현의 한시를 연구하였다. 그 결과 석 · 박사 과정을 거치는 8년여 동안 선생이 쓴 한시 2,027수를 최초로 완역하고, 선생의 서거 100주년에 맞춰 2010년까지 다섯 권의 책으로 엮었다. 그 과정에서 사학자이자 문학가 시인이요, 독립운동가이며 교육자, 애국계몽사상가로 활동했던 선생의 삶을 추앙하고 동일시同一視하며 살아왔다.

황현 선생은 약관의 나이에 상경上京하여 강위, 이건창 등 한양의 인사들과 교유交遊하고, 출세의 등용문인 과거에 응시하였다. 시험장에서 권모술수가 난무한 중앙정치의 부패상을 목격하고 실망이 컸다. 소과 시험에 장원했지만 벼슬을 통한 제세구민濟世救民의 뜻을 버리고 구례로 낙향하였다. 선생은 도가적 은일 사상의 영향을 받아 만수동에 '구안실苟安室'을 짓고, 은사隱士로 살아가고 싶어하며 '매미 시詩'를 남겼다.

한국 매미의 종류는 13종으로 매미의 유충은 대략 5~7년간 땅속에 있다가 지상으로 나온다. 선탈蟬脫한 후 매미로 변해 불과 2~4주 동안 살아가는, 기구한 운명을 가진 가련한 곤충이다. 그러나 매미의 실상은 예로부터 문 · 청 · 염 · 검 · 신(文 · 淸 · 廉 · 儉 · 信)의 다섯 가지 덕을 갖춘 곤충으로 비유되어왔다.

오덕五德을 소유한 매미처럼 나 또한 염결히 살아가고 싶었다. 하나 내 청춘을 회고해 보면 그렇게 살아오지 못했다. 고교 시절부터 꿈도 목표도 없이 진흙탕 속에서 방황하면서 살아왔기 때문이다. 그 시기 집안 경제가 갑자기 몰락하는 바람에 어린 내 마음은 크게 위축되어 있었다. '뚝 떼어 없어져 버렸으면' 좋았을 무기력한 시간만 흘러갔다. 지루한 침묵의 시간 속에서 자존심도 인격도 수레바퀴 아래로 뭉개진 채 내 젊음은 그렇게 속절없이 지나가 버렸다.

지천명知天命에 이르러 문득, 상실된 나 자신의 지난날의 삶을 반성하고 '나는 누구인가?'를 수없이 반문해 보았다. 많은 고뇌의 시간을 보내고 난 다음 바르고 참되게 살아보려고 몸부림 쳤다. 그러다 '뇌하수체 종양'에 걸려 수술을 받고 또다시 한동안 무의미한 시간을 보내야 했다. 건강을 회복하는 동안 우울증을 앓았다.

어느 날, 힘겹게만 살아온 내 삶이 길가에 죽어 나뒹굴고 있는 매미의 일생처럼 가긍하다는 생각이 들었다. 참회록을 쓰고 싶었다. 공개하지 못한 부끄러운 이야기도 고백하고 싶었다.

이런 연유로 황현 선생이 써놓은 '매미 관련 시詩'를 추출하여 분석해 보았다. 국망國亡의 과정에서 '행여 나라가 망할까'를 고심하고 살았던 선생의 일생과 가련한 내 숙명을 비교하여, 이 책의 뒤편에 '매천 황현과 매미의 철학'이란 주제로 나 자신을 매미로 가탁假託해 놓았다. 적자赤子처럼 살아 세파에 휘둘린 내 삶이 마치 매미의 일생처럼 생각되어 이 책의 제목도 '매천 황현과 매미의 철학'이라 이름 붙여 놓게 된 것이다.

독자는 이 책을 읽고 반면교사로 삼아 생활의 지혜와 교훈과 마음의 행로를 찾아갔으면 좋겠다. 또한 사유의 힘이 더해져 맹자가 주장한 인의지도仁義之道를 행할 수 있기를 빌어본다.

수필가이자 시인인 우한용 소설가는 어설픈 나의 글을 읽고 「이야기가 있는 서평 — 소봉 약전(小鵬 略傳)」을 써 주셨다. 문학평론가 전정구 교수는 흔쾌히 평론을 써 주셨다. 두 분은 물론 편집 교정에 도움을 주신 오교정 선생님과 수필가 김용옥, 이삭빛 시인, 그리고 귀한 그림을 제공해주신 채수억 화백님께도 감사를 드린다.

2022년 청명절

포금붕래抱琴朋來에서

김영붕 삼가 쓰다

| 차례 |

3부

4부

5부

1부

「나무 자화상 — 청춘, 그 방황과 고뇌의 시절」

청춘, 그 방황과 고뇌의 시절

나에게는 지금까지 누구에게 한번도 말하지 못한 비밀이 있다. 마음속에 간직하고 담아둔 진짜배기의 열등의식이 바로 그것이다. 젊은 날의 이 낯뜨거운 이야기를 공개하기에는 부끄럽기도 하고 망설여지는 내용이기도 하다.

중학교를 졸업하면서 공부할 환경이 좋은, 큰 도시에 있는 명문 고교로 진학하기를 원했다. 그 시절에는 지원하는 고교로 가서 필기시험을 본 후 합격자에 한해 그 학교에 진학할 수 있는 비평준화 시대였다. 마중지봉麻中之蓬•의 고사가 있듯이, 나 또한 일류 고교에 입학하면 좋은 친구를 사귀고 명문 대학에 진학할 확률이 높아진다는 것쯤은 알고 있었다. 그즈음 우리 집의 경제가 갑자기 몰락하는 바람에 도시에 있는 학교로 진학하지 못했다. 그 결과 상봉桑蓬의 뜻이•• 꺾여 실망이 컸다. 이때부터 뒤틀린 나의 인생행로가 시작되었다.

지방의 한 고등학교에 수석으로 입학했다. 장학생이라는 명분으로 1년간 학비를 내지 않고 학교에 다녔지만, 그 뒤로 시골에서 고등학교에 다닌다는 열등의식이 생겼다. 게다가 자만에 빠져 집안 환경을 탓하면서 공부와는 담쌓고 지냈다.

학과 공부 대신 틈만 나면 소설책 읽기에 몰두하였다. 그 시기 한때 춘원 이광수가 나의 우상이 되어『이광수 전집』에 있는 소설을 읽으면서 감동을 받아 소설가가 되고 싶었다.『삼국지』를 읽고 또 읽었다. 고대소설은 물론 무협지, 만화책 등 닥치는 대로 읽었다. 그즈음의 나는 헤르만 헤세의 소설에 흠뻑 빠져 '한스 기벤트라'나 '골드문트'처럼 소외된 방랑자를 꿈꾸었다. 또 '크눌프'가 마치 나처럼 생각되어 헤르만 헤세의 작품이 제일 좋았다.

이렇게 명문 고교로 진학하지 못한 열등감이 커져 학교생활에 잘 적응하지 못했다. 나중에는 아침에 학교를 가다 냇가 둑방에 앉아 물고기보다 못한 내 신세를 한탄하면서 중간치기(등교하지 않고 적당한 곳에서 놀다 학교 끝나는 시간에 맞춰 집으로 돌아가는 것)도 하였다. 점점 학교에 다니는 것조차 싫어지면서 검정고시로 대학에 진학하고 싶었다. 자퇴하려는 마음이 늘 머릿속에서 떠나지 않고 틈을 엿보았다. 그러나 경제적으로 어려움을 겪고 있는 부모님의 눈치를 보며 실행에 옮기지 못했다.

어영부영 고교 3년생이 되었고, 뒤늦게 공부하려 했으나 그때는 집중력이 떨어지고 그나마 눈이 아파 제대로 책을 보지 못했다. 안과에도 가 보고 한약을 지어 줄곧 먹어보았지만 낫지 않았다.

입학할 때만 해도 'S대학에 입학할 학생이 왔다'는 이유로, 교무회의 석상에서 선생님들로부터 두 번이나 격려의 기립박수를 받기도 했던 내가 어느 사이에 공부도 못하는 존재가 되었다는 열등의식만 커져 갔다. 결국 수치스럽게도 대입 시험에 떨어졌다.

1년간 농사를 지으면서 재수도 아니고 건달도 아닌 생활을 어정쩡하게 하였다. 집안의 경제사정은 더욱 나빠져 마음에도 없는, 등록금이 싼 지방 국립대학으로 진학할 수밖에 없었다. 죽는 것보다 더 큰 슬픔으로 느껴졌다. 그 후로 지방대학에 다닌다는 열등의식이 생겼다. 인생을 포기한 것처럼 기를 펴지 못하고 꺾어져 활달하지 못한 생활을 하였다.

초등학교 때부터 관심과 흥미가 제일 많았던 사학과史學科로 진학했으면서도 이 학과에 적응하지 못했다. 왠지 고삐 풀린 망아지처럼 대학 학사제도의 틀 속에 매여 살고 싶지 않았다. 슬럼프에 빠져 출석도 하지 않고 과제도 제출하지 않아 F학점을 맞기도 했다. 학점 산출에서, 출석과 매주 제출하는 과제 점수가 대부분인 교수에게는 방법이 없었다. 교수의 시각에서 보면 틀림없이 나는 성실하지 못한 불량학생이지만 부모님의 처지에서 보면 틈이 날 때마다 농사일을 돕는 착한 아들이었다.

그 시기에는 엘피판으로 음악을 듣거나 소설책 읽는 것이 나의 유일한 취미였다. 가곡이나 가요, 팝송도 들었지만 고전 음악에 심취

되었다. 대학 도서관을 자주 드나들었지만 소설책을 빌려보는 것이 거의 전부였다. 작가는 가리지 않았다. 대략 생각나는 책을 보면 고교 때 읽은 『안나 카레리나』, 『죄와 벌』, 『젊은 베르테르의 슬픔』, 『이방인』, 『설국』 등을 다시 정독하였고, 『햄릿』 등을 비롯하여 『대망』이나 『나는 고양이다』를 읽은 것도 그 시기였다. 고교 시절에 『금삼의 피』를 읽은 것을 계기로 역사소설도 읽었다. 『플루타르크 영웅전』도 읽었지만 특히 『프랭클린자서전』을 읽고 감명을 받아 나중에는 대역본으로 영어공부를 해 가면서 읽어 보곤 했다. 무엇보다 소외된 나에게는 프란츠 카프카의 작품이 제일 좋았다.

전공과목인 역사는 시험을 며칠 앞두고 벼락치기식으로 공부하였다. 학점은 나쁘지 않았지만 이십 대의 황금과 같은 대학시절을 허랑한 생활로 그럭저럭 시간만 보내고 말았다. 청춘은 두 번 다시 오지 않는데……. 고교 시절에는 교만이 나를 속였고, 적어도 대학 2학년을 마치고 군대 가기 전까지는 '라스콜리니코프'(『죄와 벌』의 주인공, 자살함)처럼 몽유병 환자처럼 방황하면서 늘 무기력하게 지냈다. 노력하지 않은 채 카알 붓세(Karl Busse)의 시 「산 너머 저쪽」에 있는 장밋빛 인생만 찾아다닌 것이다.

전공이나 취업과 관련이 전혀 없는 소설책이나 읽고, 안일하게 음악을 들으면서 허황히 시간을 보낸 것은 내 인생의 가장 큰 실수였다. 학문의 기초인 영어나 중국어, 한문 공부를 소홀히 하여 나중에 소 잃고 외양간 고치는 식의 공부가 되고 말았기 때문이다.

졸업 후 2급 정교사 자격증이 있었으므로 자연스럽게 사립학교 중등 교사로 교직에 몸을 담았다. 학비를 벌면서 대학원을 다니려 했다. 하지만 1학기 다니던 대학원을 더 이상 다니지 못했다. 돈도 없는 데다 직장 사정마저 여의치 못했기 때문이다. 한 발 물러나 휴학을 하고, 3년 남짓 서당에 다니면서 열성으로 한문漢文을 공부했다. 그러나 두 마리의 토끼를 잡지 못하고 끝내 대학원에 복학하지 못했다. 실망이 컸다. 내 뜻은 저 잉어 잡아타고 물결 거슬러 올라가 용문까지 곧바로 오르고 싶었다. 그러나 가난이 죄라 했듯이 돈이 끝까지 내 발목을 잡았다.

그때쯤이다. 불우했던 이백李白의 문고판 시집이 눈에 띄어 호주머니에 넣고 다니면서 읽고 또 읽으며 마음을 달랬다. "천년의 시름 씻어 버리려(척탕천고수 滌蕩千古愁)/ 연달아 백 병을 들이켰네(유련백호음 留連百壺飮 : 「우인회숙友人會宿」)"의 시구와 같이, 시름 속에 술독에 빠져 날마다 폭음으로 시간을 보냈다. "칼을 뽑아 물을 베어도 강물은 다시 흐르고(추도단수수갱류 抽刀斷水水更流)/ 술잔 들고 수심을 삭여도 다시 근심이로다(거배소수수갱수 擧杯銷愁愁更愁 : 「선주사조루, 전별교서숙운 宣州謝朓樓, 餞別校書叔雲」)"를 외우며 마음속의 갈피를 잡지 못했다. 그만큼 집안 경제와 나 자신에게 불만이 많았고, 그 후유증인 양 나를 비하하고 학대하면서 살았다. 소극적인 행동은 나를 더욱 비참하게 만들었고, 열등의식으로 몰아 갔다. 고교에 입학한 이후부터 뜻을 펴지 못한 채 인생의 황금기인 2~30대

시절에 좌절을 계속하며 현실에 적응하지 못했다. 자괴감이 들었다.

그래도 마음속 한구석에는 한가닥 양심이 남아 내가 나를 속이고 생활해 오고 있다는 생각이 들었다. 그런 이유로 교편을 잡고 50여 세가 될 때까지 거울 속의 나를 정면으로 응시하지 못하고 살았다. 마음속에 있는 내면의 거울은 물론 알량하고 추한 나의 외모조차 보기 싫어 거울도 보지 않고 구두나 넥타이도 없이 더벅머리로 살아온 것이다.

그러던 어느 날, 이런 부정적이고 소극적인 행동과 방식은 부모님께 죄가 될 뿐더러 양심에 비춰볼 때 더이상 나 자신을 방치할 수 없다는 생각이 들었다. 피워대던 줄담배를 자진하여 끊었다. 아니, 건강이 좋지 않아 인고의 노력 끝에 끊은 게 맞다. 담배를 끊은 것처럼 이후로 마음을 추스르고 다스려 소극적인 행동을 버리고 적극적인 자세로 살아가리라 마음먹었다.

"남아가 뜻을 세워 고향을 떠나가니, 학문에 힘써 성공하지 못하면 죽어도 돌아오지 않는다.(남아입지출향관, 학약불성사불환; 男兒立志出鄕關, 學若不成死不還 : 석 월성(釋 月性), 「장동유제벽將東遊題壁」)" 라는 시구가 늘 머릿속을 맴돌았다. 더이상 물러설 곳 없는 최후의 보루였다. 윤동주의 시 「참회록」이 변변치 못한 젊은 날의 초라한 나를 대변하고 있는 듯하였다.

파란 녹이 낀 구리거울 속에/ 내 얼굴이 남아 있는 것은/ 어느 왕조의 유물이기에/ 이다지도 욕될까.// 나는 나의 참회의 글을 한 줄에 줄이자./ ㅡ 만(滿) 이십사 년 일 개월을/ 무슨 기쁨을 바라 살아 왔던가.

시인 윤동주는 24년 1개월의 젊은 나이에 「참회록」을 썼다. 윤동주가 생각하는 열등의식은 나처럼 집안 문제나 자기의 개인사와 관련된 내용이 아니었다. 그 시기의 나는 노벨문학상 수상자인 버트런드 러셀(Bertrand Russell, 1872~1970)이나 역시 2차례 노벨화학상과 평화상을 수상한 라이너스 폴링(Linus Pauling, 1901~1994)과 같은, 세계 평화를 운운하고 있는 인물을 공경하고 있었다. 아니 그보다는 현실적으로 나에게 피부에 와 닿은 감정은 독립운동가 윤동주, 송몽규가 훨씬 더 숭배의 인물로 가까이 다가왔다. 나의 한 몸도 감당하지 못하고 살아온 처지라 국가를 위해 살았던 이상설이나 이석영李石榮, 김구와 윤봉길, 최재형, 장준하 등이 더욱 위대하게 보였다.

"내가 사는 것은 다만, 잃은 것을 찾는 까닭입니다.(윤동주, 「길」)"라는 시구처럼, 일제강점기 식민 지배의 현실과 내면세계에서 심각하게 고민했던 윤동주의 의식은 나라가 없다는 설움이었다. 연령으로 비교해 보면 30~40대의 나와 불과 25세의 젊은 나이인 윤동주와는 차원이 달랐다. 내가 생각지도 못한 일제강점기의 애국적 지식인의 고뇌를 엿볼 수 있는 시라서 윤동주는 그만큼 나에게 숭모의 대상이 되었다. 윤동주의 「참회록」처럼 '나는 나에게 어떤 존재인가? 앞으로 어떤 인물, 어떤 사람이 되어야 할 것인가?'를 깊이 고심하면서 참회의 글을 썼다가 지우기를 수없이 반복했다.

주위를 둘러보면 세상에는 추앙할 만한 인물이 참 많다. 독서로 만난 세계의 인물 가운데 주어진 환경을 잘 극복하며 살았던 후광 김대중 전 대통령을 존경했다. 김대중은 1980년 5 · 18 광주민주화운동 때 '김대중 내란 음모 사건'으로 군사재판에서 사형선고를 받았다. 억울한 죽음을 앞두고 나라와 민족을 위해 기도한 내용을 보면 감동적이고 존경할 만하다.

> 세계에 부강한 내 나라 건설을, 참으로 아름다운 민주주의의 도래를, 아픈 휴전선을 걷어낸 내 민족 통일을 간구했사옵니다. …… 하오나 아버지의 뜻을 받들어 이제는 지상에서의 꿈과 기도와 역사를 거두려고 하나이다. 아직 아무것도 이루어내지 못하고 또한 갖지 못한 내 나라 내 민족을 긍휼히 여기소서.
>
> (김대중,『나의 삶 나의 길』)

부강한 조국과 남북통일을 간구해 온 정치가 김대중은 이때 죽을 운명이 아니었다. 살아오는 동안 다섯 번째 사선死線의 고비를 넘기며 용케도 살아남아 제15대 대통령이 되었다. IMF의 경제 위기를 극복하며 정적政敵인 박정희, 전두환, 노태우를 용서하였다. '햇볕정책'으로 한국인 최초로 노벨평화상을 받았다. 진정 도량이 큰 자랑스러운 역사적 인물로 추앙하지 않을 수 없었다. 그와 달리 박정희, 전두환, 노태우는 권력욕이 자신을 파멸로 이끌고, 불명예와 부끄러운 역사를 남겨놓은 결과를 초래하고 말았다. 나중에 웃는 자가 가장 잘 웃는 자라 했다. 최후의 승자는 김대중이었다.

김대중 대통령의 생애에서 본 것처럼 나 또한 이미 매장되어 버린 과거에 집착하고 지나간 시간에 얽매일 필요가 없었다. 어차피 인생은 상실의 역사가 아닌가. 언제까지나 생각하고 싶지 않은 과거에 나 자신을 묶어두고 싶지 않았다.

숙고 끝에 현실에 순응하여 김대중 대통령이 남긴 가훈처럼 '무엇이 되느냐'는 것보다는 '어떻게 사느냐'에 충실하기로 굳게 다짐하였다. 김구의 자서전 『백범일지』에도 그와 같은 유사한 내용이 있다. 김구 선생은 성장하면서 형편이 어려워 학업을 중단하고, 생계수단으로 관상을 공부했다. 그 과정에서 자신의 관상에 좋은 상이 없어 실망했으나 생각을 바꿔 '상 좋은 것이 몸 좋은 것만 못하고, 몸 좋은 것이 마음 좋은 것만 못하다(상호불여신호相好不如身好, 신호불여심호身好不如心好 :『마의상서麻衣相書』)'라는 구절을 읽고, 마음씨 고운 사람이 되기로 했다는 대목이 있다. 내 꼴이 추한 만큼 나 또한 김구 선생처럼 그렇게 살아가고 싶었다. "바람과 파도는 항상 유능한 항해자의 편이 된다.(E. Gibbon)" 하지 않았는가! 일찍이 스피노자가 "내일 지구가 멸망한다 해도 나는 오늘 한 그루의 사과나무를 심겠다."라고 말한 것처럼, 적극적인 의지와 자세로 살아가고 싶었다.

이렇게 마음의 문을 열고 생활목표를 '밝고 희망차게'로 바꾸자, 서서히 자신감이 생겨나고 자존감도 회복되었다. 자긍심도 생겨났다. 말띠 해에 태어나 그동안 천방지축으로 살았던 야생마에서 비로소 나는 나 자신에게 충실한 청마靑馬로 변해가고 있었다. 어느 순간 좁은 시야에서 벗어나 확 트인 우주의 광대함을 우러러보고, 만물의 무성함을 굽어살펴볼 수 있었다.

'생명의 나무는 실행의 들판에서만 황금빛으로 타오른다.'(우한용, 「잔치」) 했다. 이제 명경지수明鏡止水처럼 맑고 깨끗하게, 자신을 속이지 않고 당당하게 살아가는 것만이 내 삶의 제일 중요한 과제가 되었다.

• 삼밭에 나는 쑥. 삼밭의 쑥은 곧게 잘 자라므로 좋은 환경에 있으면 그 영향을 받는다는 의미임.

•• 상봉지지桑蓬之志. 남자가 세상을 위하여 공을 세우고자 하는 큰 뜻. 사내가 태어나면 뽕나무 활과 쑥대 화살을 쏘면서 사방에 뜻을 두었다는 데서 유래함.

훔친 이어폰

초등학교 시절, 큰 도둑이 되고 싶었던 때가 있었다. 진짜 도둑이 되려고 한 것은 아니지만 만약에 도둑이 된다면 좀도둑이 아닌 큰 도둑 대도大盜가 되어 살고 싶었다. 사실은 큰 도둑이나 작은 도둑의 차이는 없다. 대도이든 소도小盜이든 도둑은 뭇 사람이 경계하는 몹쓸 인간이기 때문이다. 그런데도 어린 시절의 나에게는 '대도'가 영웅처럼 큰 의미로 느껴져 숭배의 대상이 되었다.

그 이유는 신동우 화백이 「조선일보」에 연재한 〈풍운아 홍길동〉이란 만화를 보면서 성장했기 때문이다. 어린 마음에, 도둑은 도둑이되 의적義賊 홍길동과 같은 대도를 위대한 인물로 평가했던 것이다.

그즈음 어린 시절에는 위인전을 읽으면서 흠모하고 닮고 싶은 인물이 많았다. 본받고 추앙하고 싶은 많은 영웅들 가운데 왜 하필이면 소설 속의 홍길동과 같은 도둑을 숭상했는지, 믿기지 않는 우스운 이야기일 뿐이다. 어린 내가 생각했던 대도는 탐관오리를 응징하고 핍박받고 살아가는 하층민의 삶을 대변하는 정의로운 도둑으로 보였기 때문이었다.

〈풍운아 홍길동〉의 영향을 받아 중학생 때는 『수호지』에 심취했다. 누님이 사다 놓은 3권짜리 『수호지』가 책꽂이에 꽂혀 있었다. 겨울밤에 희미한 등잔불 앞에서 밤새도록 이 소설을 고부라지게 읽다가 앞머리를 태우기도 하였다.

시내암의 『수호지』는 1120년경 북송의 휘종 황제 시대를 배경으로 펼쳐지는 대도들의 이야기다. 당대의 영웅 의적들이 양산박에 모여 정의를 위해 살아가는 생활상을 그린 것이다. 소설의 뒷부분은 송강을 비롯한 양산박의 108명의 호걸들이 사면을 받고 황제의 군사가 되어 오랑캐와 반란군 토벌에 나선다. 나라에 충의를 다하던 호걸들은 대부분 전쟁터에서 죽고 남은 호걸들도 간신배의 모략으로 비참한 최후를 맞는다는 내용이다. 아쉬움이 많은 결론이지만 그 영웅들 가운데 어린 시절에 내가 흠모한 인물은 소선풍이란 사람이었다. 그가 제일의 풍류객으로 생각되었기 때문이다.

'대도 홍길동'이 광해군 때 허균이 쓴 소설 속의 인물이라는 사실을 안 것은 아마도 중학생 이후였을 것이다. 조선 시대에 실존했던 대도로는 임꺽정이나 장길산과 같은 인물이 있다. 역시 실존 인물이던 술사術士 '전우치'를 소설화한 『전우치전』이나 정비석의 『의적 일지매』도 그 시절에 나의 눈에 띄어 재미있게 읽었다.

의적은 다른 나라에도 있다. 중국 후한의 초대 황제 광무제 유수는 왕망의 군대를 타도하기 위해 녹림호한綠林好漢들과 손을 잡고 맞서 싸우기도 하고, 또 중세 영국에는 전설적인 영웅 '로빈 후드'와 같은 의적이 있다.

홍길동과 같은 의적은 아니지만 나라가 혼탁한 조선 말기의 실존 인물로는 전봉준이 있다. 전봉준은 탐관오리 조병갑의 횡포와 봉건 제도에 대항하여 목숨을 걸고 민초의 삶을 대변하였다. 혁명 투사 전봉준 장군이 위대하게 느껴지는 것은 그가 핍박받는 민중을 대변하는 정의감이 있었기 때문이다.

머리가 굵어진 고교 시절 이후로 홍길동과 같은 '대도'는 더이상 나에게 우상이 아니었다. 1980년대에 대도 조세형 이야기를 들었다. 그가 부잣집만을 골라 털어 그들의 부패를 폭로하는 데 일조했지만 역시 도적은 도적인지라 나에게 존경의 대상이 아니고, 관심의 인물도 아니었다.

도둑으로 살아가는 것보다 나는 오직 나의 적자지심赤子之心을 간직하여 한 점 부끄러움 없이 정직하게 살아가고 싶었다. 내 것도 다 챙기지 못하고 죽어갈 판에 남의 것을 훔치고 탐낼 하등의 이유가 없었다. 그런 연유로 남의 물건이라면 조그마한 것이라도 욕심내고 싶지 않고, 설령 길가에 떨어진 물건이 있다 해도 모른 체하면서 줍지 않았다. 그런데도 다른 사람의 물건 때문에 마음이 편치 못한 사건이 생겼다.

지난봄 북유럽을 여행할 때, 터키 항공기로 이스탄불을 거쳐 헬싱키로 갔다. 유럽 여행에서 특히 미술관이나 박물관을 관람하려면 이어폰을 끼고 현지 가이드의 설명을 들어야 한다. 로마나 파리를 여행한 경험으로 그런 정보를 익히 알고 있었다.

여행사에서 이어폰을 준비하라고 했다. 터키 항공사 기내에 있는 이어폰을 보고서야 이어폰을 미처 챙겨오지 못했다는 사실을 알았다. 생각다 못해 '기내에 있는 이어폰을 가지고 갔다가 돌아올 때 같은 터키 항공사 비행기에 가져다 놓으면 되겠지.'하고 안일하게 생각했다.

바로 그런 생각이 문제를 발생시켰다. 기내의 이어폰을 배낭 속에 넣어 가지고 갔다. 그러나 돌아오는 터키 항공기 편에 이어폰을 놓아두지 못했다. 여행 마지막 날 아침, 호텔에서 짐을 꾸릴 때 이어폰을 무심코 큰 캐리어에 챙겨 넣어 놓은 채 관광하였다. 밤늦게 이스탄불 공항으로 와서 캐리어를 열어보지도 않은 채 그대로 수하물로 부치고 말았기 때문이다.

귀국 후 가져온 그 이어폰 때문에 신경이 쓰였다. 하지만 돌려줄 방도가 없었다. 세계 사람들이 쓰는, 공익을 위한 물건을 가져왔다는 마음에 내가 좀도둑인 것처럼 양심의 가책이 느껴졌다. '문제의 이어폰을 보이지 않게 내다 버릴까?' 하는 생각이 들었다. "최대의 행복을 완성하려면 최소의 악까지 행해서는 안 된다."고 말한 파스칼의 잠언이 머릿속을 윙윙거리며 돌아다녔다. 온몸에 세속의 티끌을 뒤집어쓴 듯한 생각이 들자 한동안 잠도 오지 않았다.

그런 일이 있은 후 얼마 뒤, 대학 친구들이 동유럽 여행을 제의해 왔다. 일정표를 보니 공교롭게도 예전처럼 터키 항공기를 타고 이스탄불을 거쳐 가는 비행기였다. '옳다, 좋다. 이어폰을 돌려줄 수 있는 좋은 기회다.' 이렇게 생각하고 배낭 속에 문제의 이어폰을 넣어 가지고 갔다. 다행스럽게도 기내에 문제의 그 이어폰을 놓아둘 수 있었다.

비로소 정신이 홀가분해지고 마음이 편했다. 동행한 아내와 모차르트의 고향이자 수많은 명곡의 탄생지인 잘츠부르크를 지날 땐 '모차르트 피아노 협주곡 21번(Mozart Piano Concerto No. 21)' 등을 감상하면서 참 행복했다.

이 사건 이후로 마음의 상相을 염백히 하여 하늘과 땅을 지기知己로 삼고, 공명정대하고 공평무사하게 살아갈 것을 굳게 다짐하였다. 마음을 이렇게 추스르니, 인천 공항으로 돌아오는 장거리 비행기의 좁은 기내에 있으면서도 더덩실 흥겹기만 했다.

귀가하여 마음을 차분히 정리하였다. 안연이 공자에게 인仁에 대하여 묻자, "자기를 극복하고 예禮로 돌아가는 것이 인仁(극기복례위인; 克己復禮爲仁)"이라 하였다. 이어 공자는 "예가 아니면 보지 말고, 듣지 말며, 말하지 말며, 행동하지 말라.(비례물시, 비례물청, 비례물언, 비례물동; 非禮勿視, 非禮勿聽, 非禮勿言, 非禮勿動)" 하였다. 이 글귀를 몇 번이나 암송하고 마음속 깊이 교훈으로 새겼다.

아무리 현명한 철인이라도 일생을 살아가면서 과오를 범하지 않은 사람은 없을 것이다. 나 또한 이어폰 사고 때문에 공자의 가르침을 거듭 새겼다고나 할까. "마음이 하고자 하는 바를 좇아도 법도를 넘지 않는다.(종심소욕 불유구; 從心所欲 不踰矩 : 『논어』)"라는 경구經句의 실천이 매우 어렵다는 사실을 알았다. 또한 매천 황현이 그의 집 이름을 '구안실(苟安室; 진실로 편안한 집)'이라 명명했듯이, "하늘을 우러러 한 점 부끄럼이 없(윤동주, 「서시」)"이 살아가는 것만이 이 세상에서 제일 구안苟安하다는 사실을 알게 되었다.

그렇다. "즐거움은 부귀에 있는 것이 아니라 평화를 얻는 데 있다.(낙망어부귀 이재어득화; 樂亡於富貴 而在於得和 : 『회남자』)" 평화로움은 마음속에 한 점 부끄러움이 없을 때 생긴다. 맹자도 삼락三樂을 논하면서 "하늘을 우러러 부끄럽지 않고, 굽어보아 남에게 부끄럽지 않은 것(앙불괴어천 부부작어인; 仰不愧於天 俯不怍於人)"이 두 번째 즐거움이라 하지 않았던가.

키 작은 뚱보 퍼그

우리 가족들은 대체로 키가 크지 않다. 아버지나 할머니를 닮았으면 건장하고 인물이 좋았겠지만 나는 외가 쪽을 닮아 키가 작다. 형제들 가운데 유독 키가 더 작아 어느 때까지는 작은 키에 대하여 열등의식이 있었다.

중학교에 다닐 때, 매년 3월 2일 개학이 되면 새 담임이 배정되고, 담임이 학급생 번호를 정하였다. 대략 키 순서대로 학생을 배열해 놓고, 키가 제일 작은 학생의 번호를 1번으로 부여하였다. 그 시기에 나의 학급번호는 매 학년 5번 정도밖에 되지 않았다. 나보다 키가 더 작은 친구도 몇 명 있었지만 개나 걸이나 도토리 키 재기식이었다.

어머니는 나의 작은 키에 대하여 꽤 걱정하셨다. 아들의 인물을 의식해서인지 병역을 필한 장성한 아들의 키가 더 커 주기를 바라는 양 친척이 올 때마다 나의 작은 키를 언급하시곤 하였다.

나는 고등학생 때 뚱뚱하여 퍼그(pug; 몸이 작고, 납작한 얼굴에 주름이 많은 개)와 같은 '키 작은 뚱보'라는 별명으로 불렸다. 그렇다고 신체 구조상 외가를 닮은 나의 작은 키와 비대한 신체조건에 대하여 좋은 유전자를 물려받지 못한 나 자신이나 물려주지 못한 부모님을 탓해 본 적은 없다.

외모는 어떤 추천장보다 유효하다. '신언서판身言書判'이라지 않았는가. 그런데 나의 외모는 확실히 단구短軀라 훤칠하지 못하고 못생겨 대인관계에서 좋은 인상을 주지 못하고 있다. 또 키가 작아 불편한 점들이 있다. 키가 큰 친구와 함께 걸어갈 때 보폭이 작아 발걸음을 빨리 떼어야 한다. 높은 곳에 있는 물건을 꺼낼 때 의자를 놓고 올라가야 하는 번거로움도 있다.

무엇보다 키가 작아 생기는 문제는 옷을 사러 갈 때다. 신장에 비해 몸이 비대하여 양복저고리나 상의는 그런대로 평균 사이즈를 입는다. 하지만 소매의 끝부분을 잘라야 하니 멀쩡한 새 옷을 수선하는 공력과 비용이 들어간다. 상의는 걷어 입을 수 있기 때문에 그럭저럭 입고 다니기도 한다.

그러나 바지를 살 때의 상황은 다르다. 내 허리둘레는 가장 일반적인 34 인치이다. 상체보다 하체가 더 짧아 새 바지를 사면 반드시 수선집에서 바지 길이를 잘라야 한다. 그러니 새 옷을 입어도 멋대가리가 없고, 옷태도 잘 나지 않는다. 그럴수록 아내는 나에게 잘 어울리는 옷을 사 주려고 애를 쓴다.

그렇다고 작은 키를 의식해 키높이구두를 신어 본 적이 없다. 작은 키를 억지로 커 보이게 하고 싶지 않았기 때문이다. 『효경孝經』에 "신체와 머리카락과 살갗은 부모에게 물려받은 것이니 훼손하지 않는 것이 효의 시작이다.(신체발부 수지부모 불감훼상 효지시야; 身體髮膚 受之父母 不敢毁傷 孝之始也)"라는 구절이 있다. 이 경구經句대로 부모님이 물려주신 내 신체를 감사히 여기며 지금까지 살아오고 있다.

아내의 경우도 나와 마찬가지이다. 아내는 눈이 작고 눈꺼풀이 두툼하여 웃으면 눈동자가 보이지 않는다. 그래서 친지들이 아내에게 "미관상 다른 곳은 이상이 없으므로 쌍꺼풀 수술만 하면 미인이 될 것이다."라고 하면서 성형 수술을 자꾸 권한다고 한다. 젊은 시절부터 아내가 무심코 하는 이런 말을 몇 번인가 들었다. 그때마다 현재의 상태가 가장 자연스럽고 좋다고 하면서 수술을 만류하였다. 그 결과 아내는 아직껏 신체 어느 부분을 성형하지 않고 태어난 대로 만족하며 살아가고 있다.

나의 신발 사이즈는 어떠한가? 키가 작은 만큼 발도 작다. 시중에 판매되는 신발 가운데 내 발에 맞는 신발은 많지 않다. 게다가 발 모양이 좀 특이하다. 길이는 작으면서 앞부분의 볼이 넓어 약간 기이한 형태다. 운동화의 경우, 디자인이 좋아 보이는 여성용 운동화가 잘 맞아 신어본 적도 있다.

이와 같이 남다른 신체 구조로 옷이나 신발을 사러 갈 때마다 조금은 심란스럽다. 왜냐하면 몸에 맞는 의복이나 신발을 고르기 위해선

매장을 이곳저곳 더 많이 돌아다녀야 하기 때문이다. 의류매장을 찾을 때마다 "몸이 기형이라 맞는 옷이 있을지 모르겠네요. 맞는 옷을 찾아주세요."라고 웃으면서 말하곤 한다. 그렇다고 나에게 맞는 옷이나 신발이 없어 사지 못하는 경우는 거의 없다.

언젠가 한 번은 아내가 나의 신발 때문에 애로점이 많다고 푸념하는 말을 들은 적이 있다. 멋쟁이 아내의 의도는 디자인이 좋은 신발, 아내의 취향에 맞는 멋진 신발을 고르기 어렵다고 말한 것이 틀림없었을 것이다.

그 말을 듣고 "바꿀 수 있으면 좋으련만. 바꿀 수도 없으니 어떻게 하겠는가. 내가 미안하네. 키만 크면 뭣 한가. 마음씨가 고와야지. 그래도 다행스러운 것은 하나밖에 없는 아들은 나처럼 신체상으로 결함이 없으니 얼마나 다행인가."

이렇게 말하면서 관심을 아들한테 돌려준다. 아내는 이내 아들을 생각하면서 '하하' 웃곤 만족한다.

애당초 우리 부부는 중매결혼을 했다. 맞선 보던 날, 점심을 먹고 헤어지면서 아가씨에게 제의했다. "열 길 물속 깊이는 알아도 한 길 인간의 마음을 어찌 잠깐 만나 알 수 있겠습니까? 저녁에 한 번 더 만납시다."

이렇게 말한 후 아가씨와 다시 만나기로 약속하고 헤어졌다. 하지만 그날 밤 아가씨는 나를 보이콧하고 끝내 약속장소인 프린스 호텔 커피숍에 나타나지 않았다. 자존심이 몹시 상했지만 우여곡절 끝에 우리는 결혼하였다. 혼인한 이후로 지금까지 처음 만난 그날 저녁에 나를 보이콧한 이유를 아내에게 물어보지 않았다. 틀림없이 나의 작은 키에다 더부룩한 머리에 어울리지 않은 옷을 입고, 신발을 신고 온 것에 대하여 실망했을 것이다.

아내가 아무리 나의 외모를 이해하고 결혼했다 해도 아내는 절름발이 헤파이토스(그리스 신화에서 아프로디테의 남편)와 테르시테스(『일리아스』에 나오는 그리스 병사로, 절름발이에다 안짱다리였음)처럼 못생긴 남편의 외모를 바꾸거나 버릴 수 없어 체념한 채 살아오고 있을 것이다.

이처럼 나의 특이한 외모로 열등의식이 많았지만 오래전 어느 때부턴가 그 생각을 죄다 버렸다. 아니 저절로 없어졌다. 그러한 예로 교편을 잡고 나서 학생들이 나에게 지어준 별명은 '꼬마 자동차 붕붕'이었다. 이런 별명도 즐겁게 들렸다. 외모가 추할수록 남보다 더 곱고 바른 마음씨를 갖고 살아간다면 더이상 부끄러울 것이 없다고 생각했기 때문이다. 못생긴 외모를 가지고 태어나 더구나 언변도 없이 살아오고 있지만 다행히 두 다리는 성성하다. 한쪽 다리가 없는 사람보다 그래도 낫다는 생각을 하면서 살아가고 있다.

나폴레옹이나 등소평은 키 작은 인물이지만 능력을 인정받아 역사적인 영웅으로 대접받고 오늘날까지 뭇사람에게 존경의 대상이 되고 있다. 나도 그렇게 살아가고 싶었다.

얼굴은 자기 덕의 일부다. 웃고 용모를 가꾸고 심상心相을 곱게 하면 풍기는 인상도 표정도 환하게 달라지기 마련이다. 못생겼다고 생각하는 사람일수록 마음을 선하게 쓰고 행동거지를 바르게 하면 자기 자신은 물론 누구에게든 당당할 수 있다고 본다.

선거 때마다 구걸하다시피 하여 권좌에 올라 사리사욕에 눈이 어두운 난사람보다는 거지일망정 고운 마음씨로 살아가는 광문(연암 박지원의 풍자소설 「광문자전」의 주인공)의 삶이 더 존경스럽다. 또 분뇨를 나르는 더러운 일을 하고 있지만 입은 깨끗하고 정직하게 살아가는 엄행수•의 행실이 더 높이 우러러 보인다. 옛사람 가운데 바보 온달이나, 인물은 없지만 고려의 위기를 구한 강감찬 장군처럼, 또 고대소설 『박씨전』에 나오는 박씨 부인처럼, 살아가는 데는 외모보다 능력이나 행동으로 나타나는 고운 마음씨가 더 중요할 뿐이다. 허위를 버리고 마음을 가치 있는 일에 집약시켜 자신을 숨기지 않고 성실히 살아간다면 그깟 천성의 외모가 뭐 그리 중요하겠는가?

아름다움은 보는 이의 눈 속에 있다.(Beauty is in the eye of the beholder. — Margaret Wolfe Hungerford) 무엇보다 '마음씨가 곱고 능력이 있어야지…….' 그렇게 살아가고 싶은 다짐과 소망이 생기자 내 가슴 속에 절로 절로 훈훈한 마음이 벅차올랐다.

• 연암 박지원의 소설 「예덕穢德선생전」에 나오는 주인공으로 인분人糞을 나르는 직업을 가졌음. 연암은 그의 『방경각외전』의 「자서自序」에 "엄행수는 똥으로 먹고 살았으니, 하는 일은 더러울망정 입은 깨끗하다네(엄자식분嚴自食糞, 적예구결迹穢口潔)"라 하였다.

독서 예찬가

내 취미는 독서다. 그러므로 책 욕심이 많다. 책 속에 참고할 만한 내용이 있으면 웬만하면 그 책을 산다.

내가 책을 사서 보는 몇 가지 이유가 있다. 내가 보는 책은 주로 중국과 한국의 고전문학과 역사, 철학 관련의 전문 서적이다. 세계의 역사와 문학, 철학서도 관심의 대상이 된다. 전문 서적은 주로 대학 도서관이나 중앙의 큰 도서관으로 가야 원하는 책을 빌려볼 수 있다. 지방에 살면서 대학 도서관과 멀리 떨어져 살아 책을 빌리러 가거나 반납하러 가는 것이 번거롭다. 또 책 읽는 속도가 느려 어느새 반납 기일이 다가와 허겁지겁 반납하기 일쑤다. 게다가 빌려온 책에 낙서나 밑줄이 그어져 있으면 책을 읽을 때 신경이 쓰인다. 책을 지저분하게 보는 사람도 있기 때문이다.

책을 사는 또 다른 이유가 있다. 책을 읽으면서 필요한 내용이 있으면 옛 선인들처럼 권점(圈點; 글의 요점이나 끝에 찍는 둥근 점) 하듯이, 읽고 있는 글 앞 왼쪽 여백에 연필을 가지고 동그라미 표시를 해 가면서 읽는다. 나이가 들어 기억력이 약해지면서 생겨난 독서 습관이다. 이러한 독서 방법은 나름대로의 장점이 있다. 알고 있는 내용을 다시 읽어 볼 필요가 없으므로 이 부분만 다시 읽고 참고하고 있다.

때로는 가까운 시립도서관에서 책을 빌려보기도 하지만 위의 몇 가지 이유로 가능한 책을 사서 본다. 그러므로 소장하고 있는 내 책의 대부분은 내가 산 책들이다.

내 책 가운데 은사恩師들이 나에게 넘겨준 책들도 있다. 몇 명의 교수가 퇴직하면서 나에게 특별히 가져가고 싶은 책을 먼저 골라 갈 기회를 주었다. 나를 생각해 책을 준 은사들이 고맙고, 그만큼 받은 책을 소중히 여기면서 읽고 있다.

책에 대한 호기심은 항상 나의 눈을 자극한다. 해외여행 중에도 그 버릇을 놓지 못한다. 어느 도시 어느 거리를 가든지 책방이 가장 먼저 나의 눈에 띄고, 시간이 조금만 있으면 곧장 그 책방에 들어가 책을 구경한다. 책을 사고 또 사 온 책을 읽을 때가 제일 행복하기 때문이다.

책방에서 읽을거리를 찾는 것은 나의 생활 습관이다. 고속도로 휴게소나 간혹 카페에 놓여 있는 책도 잠시 눈요기의 대상이 된다. 때론 골목이나 길가에 내다 버린, 곰팡이가 피어 있는 책도 관심의 대상이 되어 필요하다면 주워 와 잠깐 읽어 보기도 한다. 박물관이나 미술관, 사찰 등지의 책방에서도 책을 산다. 책 살 돈이 아닌데도 머저리처럼 책을 산다.

책을 구입하는 방법엔 몇 가지 있다. 가장 쉬운 방법은 서점으로 가 신간 서적을 사는 것이다. 인터넷을 이용하면 조금 할인하여 살 수 있지만 직접 보며 사는 것만 못하다. 서울에 갈 때마다 대형서점에 들른다. 막상 책값을 계산할 때 너무 많은 책을 골라 부담이 생겨 중요도가 낮은 책을 본래의 서가에 꽂아 놓고 나오기도 한다.

책 구입 장소의 일번지는 알라딘 중고서점과 같은 헌책방이다. 서울에 갈 때마다 헌책방이 많은 청계천이나 인사동 등지의 고서점가를 돌아다닌다. 책 속에 있는 지식을 찾아 마음의 양식을 찾아 파주에도 가고 보수동의 헌책방 골목에도 간다.

헌책은 발간된 책을 제때에 읽지 못하고 뒤늦게 지적 호기심이 생겨 읽을 필요를 느끼고 사는 책이다. 새로운 지식을 습득해 가는 과정에서 잊힌 헌책의 내용이 필요해 산다. 그렇게 헌책방을 돌아다니다 보면 오래 전에 출판되어 절판이 된 필요한 책을 운 좋게 구입하기도 한다. 때론 철 지나간 새책을 헌책 값으로 사는 경우도 있다. 헌책도 책값이 부담스러워 고른 책을 다시 선별하기도 한다.

헌책을 사는 제일 큰 이유는 새책 한 권 값으로 여러 권을 살 수 있기 때문이다. 하지만 고서점이 많은 청계천에서도 예전처럼 사고 싶은 책을 마음대로 살 수 없다. 매스 미디어의 발달, 새책 선호 등의 영향으로 헌책이 팔리지 않아 고서점이 많이 폐점했기 때문이다. 그나마 듬성듬성 남아 있는 책방도 장사가 되지 않아 더 없어질 추세다.

헌책은 대개 인터넷을 통해 구입하거나 특별히 헌책방 주인에게 부탁하여 구하기도 한다. 읽고 싶은 책을 사기 위해 인터넷 시장을 들여다보기도 하고, 가끔씩 고서점가는 물론 골동품상이나 골동품 경매장에도 간다.

헌책방을 기웃거리는 나에게 책방 주인은 무슨 책을 찾느냐고 묻는다. 그냥 시간이 남아 책을 잠깐 구경하러 왔다고 인사한 후 서가의 책을 살펴본다. 관심의 대상이 되는 책 가운데 미처 읽어 보지 못한 것이 있으면 그 책을 산다.

고서점가에서 필요한 책을 발견하여 먼지를 털어내는 기쁨은 실로 크다. 남에게는 거의 필요 없는 책이지만 나에게는 꼭 필요한 귀한 책을 찾으면 그 순간 가슴은 뛰고 흥분해 황홀경에 빠진다. 마치 기이한 보배를 얻은 것 같고 다정한 옛 친구를 만난 것 같기도 하다.

서울에서 책을 많이 사면 책방 주인에게 내 주소를 알려주고 부쳐달라고 부탁한다. 애써 구입한 책을 읽다 보면 그다지 필요치 않은 책을 사 온 경우도 있다. 차 시간이나 다른 사람과 약속한 시각에 쫓겨 책을 샀을 때 그런 현상이 벌어지곤 한다.

헌책에는 저자의 서명이 그대로 남아 있는 경우가 허다하다. 저자가 책을 지인에게 증정할 때 겉표지 다음 장에 서명해 주는 것이 보통이다. 사 온 헌책의 서명된 내용이나 인형印形을 보면 다양한 형태로 각기 다르게 기록되어 있다. 그렇게 서명되어 있는 헌책 자체가 골동품이다. 저자와 서명된 책 주인, 때로는 책을 사서 증정한 사람을 대하고 있는 것 같아 야릇한 느낌이 들기도 한다.

때론 학교도서관이나 기관에서 소장하고 있다가 소장 도서관의 책 라벨이 없어지지 않은 채 폐기물로 처리된 책을 구입하는 경우도 있다. 주인 잃은 책이 중고서점에서 잠자고 있다가 새 주인이 될 나의 눈에 띄어 귀중한 내 책이 된다. 마치 누군가 내버린 개를 내가 주워와 명견으로 키우는 격이다.

그런가 하면 내가 버린 책을 내가 다시 사는 경우도 있다. 헌책방에서 사 온 책을 읽다가 연필로 표시해 둔 동그라미를 보고 '어, 이거 내가 읽고 버린 책인데' 하고 알게 된다. 내버린 개가 돌아다니다가 주인인 나를 다시 찾아온 격이다.

때로는 구입한 책을 다시 사는 현상도 벌어진다. 사 온 책을 곧장 읽지 않으면 한쪽에 쌓여 잊히고 있다가 새로 사 오는 경우다. 이런 책의 한 권은 누군가에게 증정한다. 또 감명 깊게 읽은 책은 정감이 가는 사람에게 넘겨주거나 새 책을 사서 부쳐 주기도 한다. 이런 방법은 결코 손해가 아니다. 가는 정이 있으면 오는 정도 있다. 그들도 내가 몰랐던 책이나 자기가 쓴 책을 나에게 보내주기 때문이다.

누군가 다른 사람이 소장하고 있는, 읽어 볼 만한 책이 있다면 빌려 달라고 하지 않고 가능한 한 그 책을 산다. 사지 못하면 도서관에서 빌려 복사라도 해서 꼭 내 책을 갖는다. 복사할 때 여유분을 더 복사하여 필요한 사람에게 나눠주고, 읽고 난 후 만나 토론의 주제로 삼기도 한다. 간혹 번역의 대상이 될 만한, 출판되지 않은 필사본은 따로 몇 부 더 복사해 두기도 한다.

저자가 쓴 책이든, 새 책이든, 헌책이든, 증정받은 책이든, 복사한 책이든 서로 교환하여 보는 물물교환의 형태로 책이 구입된다.

『청장관전서』를 남긴 옛사람 이덕무는 책밖에 모르는 바보였다. 그는 '책을 읽어 좋은 점 네 가지'를 적어 놓았다. 책을 읽으며 배고픔을 잊고, 추위를 잊고, 근심과 번뇌를 잊고, 병을 잊었다 했다. 그와 비교할 수는 없어도 나 역시 습관처럼 책을 읽는다. 책만한 친구가 없다! 책을 읽고 있으면 시간이 잘도 간다. 수불석권手不釋卷이라 했듯이, 내 손에 책이 없으면 오히려 마음이 불안하다. "책을 읽고 글을 쓰는 동안 나는 고독하지 않다."라는 에머슨의 글처럼, 나 또한 텅 빈 방에 읽을거리만 있으면 혼자 있어도 무료하거나 외롭지 않다. 읽을 것이 없으면 오히려 따분해지고 지루해진다. 그러므로 나는 심심하지 않기 위해 읽을거리를 찾아 도서관에 가고, 책방으로 가서 책을 사 읽는다. 내가 사서 읽는 책은 수서가들이 찾는 초판이나 값비싼 희귀본이 아니고, 호화양장의 책들도 아니다. 문고판이라도 책 속에 있는 글이 보석과도 같아 책을 사서 읽고 또 읽은 책을 선뜻 버리지 못하고 있다.

맹자의 인생 삼락(人生 三樂)에다 독서의 즐거움을 네 번째로 추가 한다는 양주동 님의 「면학勉學의 서書」에 나오는 글귀에 공감한 지 오래다. 또 "독서를 못 하는 왕이 되기보다는 비록 초라한 골방이지만 책이 가득한 방이 있는 가난뱅이가 되겠다."라는 모코리의 글이 눈에 안겨 들어온다. 이 글이 마치 나를 두고 한 것처럼 생각되어 참으로 기분이 좋다.

"늙어가는 육신처럼 노쇠해가는 묵은 지식을 교정하기 위해서 독서한다.(김용옥, 『나쁜 운명이란 없다』)"는 글처럼, 독서의 목적은 자기완성과 인격 수양에 있다고 본다. 그러기에 나는 "책 읽기를 좋아하지만 깊이 파고들지 않아(호독서 불구심해; 好讀書 不求深解 : 도연명, 「오류선생전」)" 진정 독서광이 아닌, 그저 지식이 부족한 한낱 독서 예찬가일 뿐이다.

'학생님'의 출판 기념회

중학교 때 친구 '기동환'의 원래 이름은 '기우만'이다. 중학교를 졸업하고 나서 한동안 잊고 살았지만 대학을 졸업하고 우연히 같은 도시에서 살면서 가까이 지냈다. 우리는 동창회 모임에서 자연스럽게 만나곤 하였다. 서로 교직에 몸담고 있으면서 자주 만나는 허물없는 무간한 사이가 되었다.

친구는 언제나 밝고 고운 마음씨를 갖고 있었다. 그의 이름이 한말 문유文儒로 추앙받은 의병장 출신 송사松沙 기우만(1946~1916)과 같아 나는 그의 아호를 푸른 솔의 '송松'자를 따오고 밝을 '소昭'자를 붙여 송소松昭라 불렀다. 한번은 모임 하는 자리에서 앞에 앉아 있던 송소가 나에게 "퇴직해 시간을 어떻게 보내고 있는가?"를 물어왔다. 여태까지 내가 번역하고 연구하여 발간한 책이나 학문적인 업적에 대하여 가까운 친구들에게조차 거의 말해 본 적이 없다. 하지만 사

듯 진지하게 묻는 친구의 태도에 답변하지 않을 수 없었다.

'7~8년 전 매천梅泉 황현黃玹이 쓴 한시漢詩 2,000수 이상을 최초로 번역해 다섯 권으로 발간하였다. 그 뒤 이 책을 토대로 박사학위 논문을 작성해 졸업하였고, 요즘엔 그 논문을 보강해 매천의 시문을 평가한 사상思想 관련의 책 한 권을 써서 곧 출판한다.'라고 처음으로 털어놓았다.

내 말을 듣고 친구는 곧바로 지갑을 꺼내더니 '책값을 선불한다'면서 5만원권 지폐 한 장을 건네주었다. 이 상황을 옆에서 보고 있는 다른 친구들이 있었다. 친구의 질문에 술에 취해 얼떨결에 대답을 해 놓고는 나를 내세워 말한 것 같아 옆 친구들에게 창피하였다. 송소가 주는 돈을 몇 번이나 사양하고 거절하다 주변 친구들 보기에 겸연쩍기도 하고 민망스러워 하는 수 없이 돈을 받았다.

물론 그 돈을 돌려주려 했으나 친구는 끝내 사양하면서 바쁜 듯 총총걸음으로 돌아가 버렸다. 뒤따라 나갔지만 그의 의지를 꺾지 못했다.

이제까지 출간한 내 책들을 지인에게 주고 책값을 받아 본 적이 없다. 책을 팔아 출판비를 챙기고 싶지 않고, 지인들에게 부담을 주는 것도 원치 않았다. 몇 번인가 술좌석에서 책값을 챙겨주는 교수와 대학원 선후배가 있었지만 받은 그 자리에서 술값이 몇 배 더 들어간 게 전부였다. 그러므로 뜻하지 않게 출판하지도 않은 책값을 선불로 받아보기는 난생처음이었다.

받은 책값을 내 지갑의 제일 깊은 곳에 넣어 두었다. 지갑에는 신용 카드가 있어도 생활하다 보면 종종 현금이 필요할 때가 있다. 그 때마다 은행에서 돈을 찾아 쓰거나 급할 때는 아내한테 돈을 타 쓰기도 한다.

하루건너 사람을 만나 술을 마시느라 씀씀이가 헤픈 내 돈지갑은 금세 바닥이 나곤 하였다. 몇 번인가 지갑은 텅 비어있었으나 친구가 준 돈을 보고도 차마 쓸 수가 없었다. 그때마다 좋은 책을 출판하라는 의미로 책값을 선불해 준 친구의 성의를 기꺼이 받아들였다. 남자로서 의리를 중히 여기는지라 더 좋은 책을 써서 친구에게 꼭 보답하고 싶었다.

얼마 지나 책은 출판되었다. 가장 먼저 송소의 사무실을 찾아가 출간한 책에 서명하여 주었다. 친구가 내 책의 최초 구매자가 되고 독자가 된 것이다. 이것을 계기로 송소와 교감이 생겨 사생활의 모든 것까지 터놓고 이야기하는 사이가 되었다. 친구를 만난 지 실로 50년 만에 새로운 100년 지기知己의 친구가 된 것이다.

그런 이후 어느 날 송소가 나를 찾아왔다. "유붕有朋이 자원방래自遠方來면 불역락호不亦樂乎아.(『논어』「학이편」)"라 했다. 멀리 있는 친구가 내 집을 찾아주는 것보다 더 즐겁고 고마운 일이 어디 있겠는가. 친구는 교직 생활을 하면서 느낀 점들을 수필 형식으로 써서 사진작가답게 책 페이지의 곳곳마다 사진을 곁들여 놓은 책,『학생님』을 발간해서 나를 찾아온 것이다. 출판 기념회의 날짜를 알려주면서 초청장을 전해 주었다.

곧장 『학생님』을 읽어 보았다. 매 수필마다 다른 수필집에서 볼 수 없는 참신한 내용이 많고, 편마다 학생의 인격을 존중하고 배려하는 감동적인 부분들이 있었다.

친구는 학생을 가르치면서 민주주의 근본정신인 '인간 존중'을 충분히 이해하고 실천하고 있었다. '친구가 남다른 애정을 갖고 학생을 사랑하면서 창의력을 발휘해 성실히 학급을 운영했구나. 그 결과 교장으로 승진하고, 또다시 실력을 인정받아 교육연수원장의 직책도 가졌구나.' 하는 생각이 들었다. 그만큼 친구가 거친 직위는 학생을 위해 치열하게 살아온 당연한 삶의 결과였던 것이다. 그제서야 책 제목을 '학생'이라고 하지 않고, '학생님'이라 붙인 이유를 이해할 수 있었다.

출판 기념식장에 갔다. 식장 입구에 놓인 출판 기념회의 모금함에는 '본 기념회의 수익금은 장애인학교에 기증합니다'라는 문구가 있었다. 책값을 받아 더 어려운 학생들을 돕겠다는 뜻에 공감하였다.

기념회의 모금함에 모임과 내 축의금을 포함해 2개의 봉투를 넣었다. 이렇게 해서 자연스럽게 친구에게 진 빚을 갚을 수 있었다. 마침 '김영란법'으로 세상이 떠들썩하던 작금의 봉투와는 전혀 다른 의미의 출판비였다.

출판 기념회에는 많은 사람들이 참석하여 화기애애한 분위기였다. 송소는 기념사에서 내가 좋아하는 애국 시인 윤동주의 좌우명이 담긴 「서시」를 암송하면서 분위기를 압도하였다.

"죽는 날까지 하늘을 우러러/ 한 점 부끄럼이 없기를,/ 잎새에 이는 바람에도/ 나는 괴로워했다"를 읊으며, 자신과 학생님에게 부끄럽지 않기 위해 노력해 왔다고 했다. 감동적이었다. 반면에 갈등과 부조화 속에서 살아온 나의 초라한 과거가 반추되어 떠올랐다. 언제부턴가 나도 윤동주 시인처럼 생활이 곤궁해도 좀 더 이타심을 갖고 진실하고 아름답게 살아가고 싶었다. 그렇게 생각하면서도 정작 실천에 옮기지 못하고 있는 나 자신이 한심스러웠다.

놀랍게도 친구가 수익금을 기증한 장애인학교는 내가 5년여 동안이나 매주 월요일 저녁에 나가 봉사 활동을 하고 있는 학교였다. 바쁜 직장생활을 하면서 형편이 어려운 장애인에게 일주일에 한 번씩 수업을 해 왔던 바로 그 학교였다. 나중에 장애인학교의 교장을 통해 출판 기념회의 수익금이 그대로 전해져 열악한 학교 재정에 많은 도움이 되었다는 이야기를 들었다. 친구는 행복의 비결 가운데 하나가 '나눔'이라는 사실을 알고 실천하고 있었던 것이다.

세상에는 좋은 사람들이 많이 있다. 나도 그런 사람이 되고 싶었다. 하지만 출판 기념회를 통해 나보다 더 좋은 사람이 송소라는 사실을 알았다. 봉사 정신이 투철한 친구가 주변에 있어 내 삶은 즐겁고 행복하다. 언제나 어려운 이웃을 생각하면서 건실하게 살아가는 친구, 건전한 모범 시민으로 살아가고 있는 친구가 자랑스럽다.

페스탈로치

교사는 본연의 적자지심赤子之心•을 잃지 않고 교사 스스로 눈높이를 낮춰 학생과 소통하면서 학생을 지도하는 것, 그것이 교직에 대한 나의 평상시 지론이다. 그런 의미에서 학생을 위한 교사의 순수한 사랑과 열정을 중요하게 생각해 나 자신의 초심을 잃지 않으려고 노력해 왔다.

그러나 시간이 흘러가면서 내 행동은 그렇게 하지 못했다. 대학 진학을 목표로 하는 일반계 남자고등학교 3학년 교실에서만큼은 내가 담임한 학생들에게 단호하게 대하여 자애로운 선생이 아니었기 때문이다.

1990년대에 일본이나 미국은 물론 우리나라에서도 일류대학으로의 진학과 졸업은 장차 출세의 보증수표가 되고 있었다. 학교 방침에 맞춰 담임은 물론 교과 담당 교사 모두가 인성 지도보다는 한마음 한뜻으로 명문대학 진학을 제일 큰 목표로 삼았다. 그러므로 대입 성적을 산출하기 위해 같은 학교의 학생과 경쟁하는 내신성적보다는 대외적으로 수능 시험 점수를 높여 주는 것이 교과 담당 교사의 당면한 과제가 되었다.

그 시절, 한 학급 50여 명의 성적은 편차가 심했다. 명문대학 최고 인기학과에 진학할 수 있는 학생이 있는가 하면 정반대인 학생들도 있었다. 교사는 중 · 상위권의 학생을 중심으로 수업을 하면서 최상위권 학생과 하위권 학생의 지적 수준을 염두에 두고 가르쳐야 했다. 학교의 방침 또한 우수한 학생을 고려하여 핵심 과목인 국어, 영어, 수학의 경우 매년 1, 2, 3학년 공히 방과 후에 특별반을 따로 편성하여 가르치는 것이 일반적인 현상이었다.

고3 교실에서의 담임은 전쟁터에서 소대장의 역할과 같은 것으로 담임의 리더십과 판단력은 매우 중요하다. 공부 잘하는 학생은 더욱 잘할 수 있도록 격려 지도해야 하고, 하위권 학생은 용기를 갖고 조금 더 잘할 수 있도록 신경 써 줘야 한다. 그렇다고 공부에 전혀 관심이 없는 학생까지 억지로 공부를 강요할 필요는 없다. 그들의 사기를 꺾어서도 안 된다. 다만 꼴찌 수준의 학생이 공부하고 있는 학생들을 방해만 하지 않는다면 그것만으로도 다행스러웠다.

전인교육全人教育을 목표로 하는 학교는 학생의 지덕체智德體 함양과 인성 교육을 기본으로 삼는다. 그러므로 교과 담당 교사와 담임은 지식 전달로 끝나는 성적 올리기식의 주입식 교육과 수업만을 고집해서는 안 된다. 그럼에도 그 시기의 고교 3학년 교실에서 학습 분위기를 조성하는 담임은 전적으로 성적을 중시할 수밖에 없는 현실이 되곤 하였다. 담임은 학급을 경영하면서 학생들의 뜻을 다 받아줄 수는 없다. 기강이 흔들리면 학급은 수라장이 되고 학생은 조금의 성적 차이로 원하는 대학과 학과를 진학하지 못하기 때문이다.

진학에 실패한 학생은 재수를 하면서 많은 시간과 노력과 돈을 들이게 된다. 설령 재수를 한다 해도 반드시 성적이 올라간다는 보장도 없다. 종일 치르는 수능시험은 야누스(로마신화에서 두 개의 얼굴을 가진 신)와 같이 변수가 많다. 재수하여 성적이 올라가는 학생도 있지만 머물러 있거나 오히려 떨어지는 학생도 있다. 그러므로 인생의 제일 중요한 관문의 하나인 대학진학을 가능한 당해 연도에 끝내야 한다.

이런 이유로 당장 대학진학이 시급한 고교 3학년 교실에서, 능력이 있다고 판단되는 학생이 공부를 소홀히 한다면 담임은 책임을 다해 학부모를 대신해 학생을 그대로 방치할 수 없었다. 고교시절에 행여 성적과 관련하여 나에게 꾸지람을 들은 학생이 있다면 그 학생은 틀림없이 공부할 능력과 자질이 있는 학생이었을 것이다.

고3 교실에서 나의 이러한 학급 운영방법으로 자연히 내가 맡은 학급 성적은 좋아져 교장과 학부모가 볼 때는 틀림없이 좋은 교사였다. 나 자신도 명문대학으로의 진학률이 좋아 최고의 교사라는 자부심을 가질 수 있었다.

그런데 이렇게 학생지도의 경험이 쌓이고, 불혹不惑의 나이를 넘겨 '내가 좋은 교사인가?'를 자문해 보았다. 그러던 어느 날 오천석이 쓴『스승』이란 책이 생각났다. 대학을 다니면서 읽어 본 책이었다.

이 책을 다시 읽고 느낀 점이 많았다. 무엇보다 "교육 목표는 지식의 전달이 아니라 생각하는 사람을 기르는 데 있다."라는 내용에 깊이 공감하였다. 교육의 목표를 생각해 보니 수능 성적만 높이려는 학교의 방침과 나의 판단이 잘못되었다는 확신이 들었다. 나도 모르는 사이에 인성 교육보다는 진학 성적만을 중시 여겨 대외적으로 일류학교임을 홍보하려는 학교의 방침에 동참하고 있었던 것이다.

그 결과 담임인 나 자신이 학부형을 대신해 학생에게 공부만을 강요하는 욕심이 앞섰을 뿐 거시적 안목과 덕망은 없었다. 부끄럽게도 무지한 담임은 학생의 다양성과 창의성, 상상력이나 재능을 가둬두고 무시하고 있었던 것이다.

그동안 교직을 천직天職으로 생각하고 학생을 지도해 왔다. 그런데도 고3 교실에서 만큼은 나의 교편敎鞭이 어느 틈에 인사人師(참된 인간을 기르는 교사)가 되지 못하고 경사經師(지식만을 전수하는 교사)가 되어 있었다.

플라톤이 아카데미아를 설립하여 양성한 제자 아리스토텔레스가 알렉산더대왕을 가르쳤듯이, 이황이 도산서당을 만들어 명재상 유성룡을 배출했듯이 나도 그런 제자를 길러내고 싶었다. 애당초 교사의 권위만을 앞세워 '하분문하河汾門下'●● 생을 배출 하려한 나의 욕망은 과욕이었다.

역지사지해 보니 본의 아니게 상처를 준 몇몇 학생들에게 나 자신이 무참해질 수밖에 없었다. 참으로 학급을 수라장으로 만든 학생까지 포용하지 못한 나를 준엄하게 반성하지 않을 수 없었다. 생각해 보면 교편의 진정한 의미를 알지 못하고 '스승'으로서 자질이 부족한 보통명사의 평범한 선생밖에 되지 못했던 것이다.

그렇다고 학생의 인격을 존중하지 않은 것만은 아니었다. 재직한 학교가 취업을 준비하는 실업계 고교는 아니지만 학생의 성적이나 성향, 가정 형편 등을 고려하여 앞장서서 직업을 찾아 알선해주기도 했다. 특히 편모슬하의 학생에게는 내 아들보다 더 많은 관심을 갖고 자상한 아버지와 같은 역할을 해주려고 하였다.

1, 2학년 담임을 할 때는 공부 못지않게 일기쓰기를 중점적으로 지도하였다. 설사 내 학급의 학생이 어떤 잘못을 했다 해도 학생 편에서서 학생을 퇴학시켜 본 적이 없다. 그러한 예로 게임에 빠져 등교하지 않는, 부모도 포기한 가출한 학생들을 찾아 밤늦게까지 혼자 게임방을 찾아다닌 적도 많았다. 또 원하는 학교에 진학하지 못한 과거의 나의 경험을 거울삼아 가능한 학생이 가고 싶은 대학과 학과에 맞춰 진학시켰다.

『스승』을 읽고 난 뒤로 비로소 교사의 안목이 생겼다. 교사의 눈높이를 낮춰 학생과 함께 호흡하고 소통한 결과 학생의 처지를 좀 더 잘 이해할 수 있었다. 교사의 인격은 학생 개개인의 인격과 같다. 그러므로 교사의 말은 권위주의적인 것이 아니라 학생을 인격체로 높여서 하는 말이 되어야 한다. 교사가 열린 마음의 자세로 대화의 장을 열어 학생과 원활하게 소통하고 공감할 수 있을 때 학생은 교칙을 잘 지키고 수업도 활기차게 할 수 있다.

교학상장敎學相長이란 말이 있고, 효학반斅學半(가르치는 것은 배움의 절반; 『서경』「열명」)이란 전고典故도 있다. 교사와 학생은 가르치면서 배우는 상보의 관계다. 좋은 교사는 학생을 가르치지 않고 함께 배운다. 교사는 학생의 개성을 존중하여 공부시키되 그 학생이 그 학생답게 창의적인 생활을 할 수 있도록 지도해야 한다. 또 교사는 학생에게 비전을 제시하고, 학생이 미래의 직업을 찾을 수 있도록 희망의 안내자 역할을 해줘야 한다.

『맹자』에 "사람의 근심은 다른 사람의 스승 되기를 좋아함에 있다.(인지환재호위인사; 人之患在好爲人師)"라는 글이 있는 것처럼 다른 사람의 스승이 된다는 것이 어찌 그리 쉬운 일이겠는가.

젊은 시절의 교사로 되돌아갈 수 있다면 루소의 자연주의 교육사상에 공감하고, 페스탈로치의 교육철학을 생각하면서 동생처럼, 자식처럼 학생에게 너그러이 사랑을 베풀어 줄 수 있으련만. 이런 교육관을 일찍 깨우쳤더라면 아이들의 참스승이 되었을 텐데…….

아아, 젊은 그 시절에는 어찌 참교육, 참사랑을 알지 못했을까. 참다운 스승이 되지 못한 지난날이 오점을 남긴 것 같아 후회스럽다.

• 갓난 아기의 마음. 『맹자』「이루장」에 "대인은 적자赤子의 마음을 잃지 않은 자이다.(맹자왈 대인자 불실기적자지심자야; 孟子曰 大人者 不失其赤子之心者也)" 했고, 노자 『도덕경』 제55장에는 "덕을 두텁게 지닌 자는 갓난아기에 비유할 수 있다.(함덕지후 비어적자; 含德之厚 比於赤子)"라 하였다.

•• 수나라 말기 왕통王通(582~616)이 하분 지방에 문하생을 모집하여 가르치자 많은 인재들이 모여들었다. 왕통은 교육의 근본을 인의仁義로 삼고, 인의를 실천할 수 있는 인재양성을 목적으로 하였다. 그 결과 그의 문하에 당의 위징魏徵, 방현령房玄齡 등 뛰어난 고관과 학자들이 배출되었다. 왕통의 교육이 유명해져 누구나 '하분문하河汾門下'생이 되기를 원했다.

2부

「동심원 — 잃어버린 마음을 찾아서」

첫 부임 하신 총각 함수곤 선생님과 패랭이꽃

성장 과정에서 나를 지도해 주신 초 · 중 · 고교 담임들의 성함이 선연히 생각난다. 초등학교 1학년에서 6학년까지의 담임은 물론 중 · 고교 담임들의 이름도 기억한다. 모두 나름대로 교육관을 가지고 가르치셨겠지만 유독 초등학교 4학년 때의 담임 함수곤 선생님의 교육철학이 기억 속에 가장 많이 남아 있다.

첫 부임 하신 총각선생님의 수업은 가능한 실물을 보여주면서 관찰한 내용을 발표하고 적어보도록 하는 방식이었다. 예를 들어 온도계를 교실 뒤에 걸어 놓고, 매일 일정한 시간에 벽에 붙여 놓은 그래프에 학생들이 보는 앞에서 손수 그날의 온도를 표시하곤 하였다. 그러면서 학생들에게 하루의 기온과 계절에 따른 온도의 변화를 살펴보게 하였다. 심지어 여름방학 때도 학교 부근에 사는 나에게 교실에 와 그날의 온도를 그래프에 표시하도록 시킨 적이 있다. 면밀

한 관찰을 바탕으로 한 교육이었다.

한 번은 자연시간에 '패랭이꽃'이 나왔다. 선생님은 교과서에 사진으로 나온 그 패랭이꽃을 가져오라고 하였다. 이 꽃은 냇가에 널려 있는 작은 들꽃으로 분홍색으로 핀다. 나는 꽃이 시들까 봐 전날 숙제를 하지 않고 있다가 당일 아침에 시간을 놓쳐 허겁지겁 상당히 먼 냇가 들녘까지 가서 패랭이꽃을 뽑아 간 적이 있다.

그런 뒤로 이 애틋한 추억과 함께 청초한 이 꽃의 아름다움에 관심을 갖게 되었다. 뿐만 아니라 길가에 피어난 꽃들을 볼 때마다 관심과 감정은 남달랐다. 들길 풀숲에 함초롬히 피어 있는 한 떨기 작은 제비꽃이나 달맞이꽃, 들국화, 쑥부쟁이의 아름다움까지도 그냥 지나치지 않았다. 그 과정에서 아무리 하찮은 식물이라도 강인한 생명력으로 꽃을 피우고, 향기를 뿜고 마침내 열매를 맺는다는 사실을 알았다.

그 후 세월이 흘러 내가 대학원에 진학하여 고전문학을 전공하면서 한시漢詩를 배웠다. 그때 고려의 시인 정습명(鄭襲明, ?~1151)이 쓴 시 「석죽화石竹花」•를 읽었다. '석죽화'가 패랭이꽃이라는 사실을 처음 알고, 이 풍유시諷諭詩의 아름다움과 비유에 감명을 받아 더욱 더 한시의 매력에 빠져들었다.

함수곤 선생은 무엇보다 일기 쓰기를 강조하셨다. 선생은 담임을 하자마자 학생들에게 일기장을 만들어 일기를 써 오도록 하였다. 학생들은 등교한 후 날마다 일기장을 제출하였다. 선생은 수업이 끝나고 학생이 집으로 돌아가기 전까지 어느 틈에 학생이 쓴 일기를 다 읽고, 잘못된 문장이나 철자를 빨간 펜글씨로 교정하여 평가까지 한 다음 돌려주셨다. 나는 매번 일기를 잘 썼다고 평가받았고, 칭찬도 해 주셔서 열심히 일기를 썼다.

선생은 재일동포 소녀 야스모토 스에코(安本末子)가 쓴『니안짱』•• 이라는 일기를 날마다 일정 분량을 읽어 주셨다. 이 일기를 다 읽고 난 다음에는 이윤복 소년이 쓴『저 하늘에도 슬픔이』라는 일기도 읽어 주셨다. 다음 해 5학년 때, 이윤복이 쓴 일기를 토대로 만든 〈저 하늘에도 슬픔이〉라는 영화를 읍내로 단체 관람하러 갔다.••• 일기의 내용을 속속들이 알고 있는 나는 남달리 감회가 깊었고, 감동을 받아 펑펑 울었다.

선생은 독서도 권장하였다. 어려운 형편인데도 학급문고를 마련하여 학생들에게 책을 읽힌 것이다. 선생은 독후감 쓰는 독서일기 양식을 등사하여 나눠 주면서 '독서 일기장'에 독후감을 쓰도록 권장하고 한 번씩 점검하였다.

여름방학이 끝나고 2학기 개학을 하자 선생은 칠판 중앙 위쪽에 '하면 된다'라는 글자를 커다랗게 써서 붙여 놓았다. 도청 소재지인 전주에 갔다가 맹인이 기타와 피아노 등 악기를 능수능란하게 연주하는 것을 보고 깊은 감명을 받았다고 하였다. 그러면서 누구든지 목표를 세우고 '하면 된다'는 신념을 가지고 도전하면 못 할 것이 없다면서, 우리 시골 소년들에게 용기와 자신감을 심어 주셨다.

선생은 1년 동안 담임을 한 후 아쉽게도 정읍 교육청으로 전근 가셨다. 그 이후로 나는 선생의 얼굴을 거의 뵙지 못했다. 우리 초등학교에는 졸업 당시에 교가校歌가 없었다. 졸업식장에서 나는 졸업생을 대표하여 〈나뭇잎 배〉라는 노래를 불렀다. 이때 노래를 부르면서 졸업식장에 선생이 오신 것을 멀리서 뵌 것이 마지막이었다. 선생이 비록 1년간 나를 담임해 주셨지만 나에게 끼친 영향은 매우 컸다. 일찍부터 선생의 지도를 받아 이때부터 일기 쓰기와 책 읽는 버릇이 생겨났기 때문이다.

학년이 바뀌면서 일기를 날마다 쓰지 못했다. 5~6학년 때의 담임은 일기 쓰기의 중요성을 강조하지 않았다. 무엇보다 일기 검사를 하지 않아 자연히 일기 쓰는 것을 등한시했다. 하지만 방학 때마다 일기를 써서 과제로 제출하는 것은 당시의 기본 숙제였다.

선생의 일기 쓰기 지도를 받은 이후로 끊임없이 다른 사람이 쓴 일기에 관심이 많았다. 중학생 시절에 나치 정권 아래 안네가 쓴 『안네의 일기』를 읽었고, 고교 시절에는 『난중일기』와 『백범일지』를 읽었다. 역사에 제일 취미가 많았던 나는 사학과史學科로 진학한 것을 계기로 『사기』나 『통감』, 『삼국사기』, 『삼국유사』, 『조선왕조실록』 등의 사료史料를 접하면서 기록의 중요성을 배웠다. 대학원에서 한문을 전공한 후로 연암 박지원의 『열하일기』를 탐독하고 섭렵하였다.

나 또한 일기장을 마련해 두고 무엇인가 쓰고 싶거나 답답할 때마다 일기를 쓰고 낙서하면서 시간을 보냈다. 고교생이 되면서 푸시킨

이 쓴 「삶」이라는 시가 좋아 일기장에 적어넣고 책상 앞에도 붙여 놓았다.

"삶이 그대를 속일지라도/ 슬퍼하거나 노하지 말라./ 조용히 고통의 날을 견디고 나면/ 즐거운 날이 오리니// …… 마음은 언제나 미래에 사는 것"과 같은 구절이나, 롱펠로우의 「인생 찬가」의 "슬픈 사연으로 나에게 말하지 말라./ 인생은 한갓 헛된 꿈이라고"와 같은 시구도 일기장에 써 놓고 외고 다녔다.

대학에 다닐 때도 이런 버릇은 계속되었다. 입대하여 힘든 군사훈련을 받을 때도 메모지에 일기를 썼다. 일기장에는 독서 후에 교훈이 될 만한 시구나 산문은 물론 때로는 잡기장처럼 푸념 같은 것도 써 놓았다. 그러면서 나 자신이 처한 현실이나 불만을 희망적인 좋은 의미로 승화시켜 미래를 설계하곤 하였다. 그만큼 일기 쓰는 것은 독서와 함께 평생 나의 제일 큰 습관이 되었다.

초 · 중 · 고교 때 쓴 일기는 아쉽게도 분실했지만 대학시절의 일기는 일부 가지고 있다. 낙서장처럼 써진 일기지만 젊음을 고민하던 지난날이 결코 헛되이 살지 않았던 성장 과정의 한 단면을 말해 주고 있다.

사람은 스승을 모셔 배우지 않을 수 없다. 성인聖人이라 할지라도 태어나면서 아는 것이 아니기 때문이다. 스승과 관련하여 춘추 시대 노나라의 왕 애공(哀公, 재위 B.C 494~B.C 468)의 일화가 있다. 애공이 한번은 공자의 제자 자하子夏에게 "오제五帝에게도 스승이 있었는가?"라고 묻자 자하는 애공에게 이렇게 답변했다.

> 우禹는 서왕국西王國에게, 탕湯은 대자상貸子相에게, 문왕文王은 석주자사錫疇子斯에게, 무왕武王은 강태공姜太公에게, 주공周公은 괵숙虢叔에게, 중니仲尼는 노담老聃에게 각각 배웠다고 합니다. (한영韓嬰·임동석 역주,『한시외전漢詩外傳』)

주周나라 무왕은 강태공 여상呂尙을, 주공은 괵숙을, 공자(孔子=중니)는 노자(老子=노담)를 스승으로 삼아 배웠다는 사실을 말해 주고 있다. 천하를 지도하고 공명을 떨친 우·탕·문·무(禹·湯·文·武)와 주공, 중니는 좋은 스승을 만나 지도를 받고 그 공적이 천하에 드러나게 되었을 뿐만 아니라 명성도 후세에 전해질 수 있었다는 의미이다.

『논어』의 「술이편」에는 "세 사람이 길을 가면 반드시 그중에 내 스승이 있다.(삼인행, 즉필유아사언; 三人行, 則必有我師焉.)"라 하였다. 또 공자는 올자(兀者; 형벌을 받아 발 하나가 잘린 외발이) 왕태王駘를 스승으로 삼고 싶어했다.(『장자』「덕충부」) 한유韓愈가 쓴 「사설師說」에도 "성인에게는 고정된 스승이 없다. 공자는 담자, 장홍, 사양, 노담을 스승으로 삼았다.(성인무상사, 공자사담자장홍사양노담; 聖人無常師, 孔子師郯子萇弘師襄老聃.)"라는 내용이 있다.

위의 내용들을 보면 누구든지 스승이 있고, 스승의 가르침과 지도를 받아 성인이 되기도 하고 범부凡夫가 되기도 한다는 사실을 알 수 있다.

이렇게 나는 함수곤 선생의 지도를 받아 교수 학습의 지도방법과 독서와 일기쓰기를 배웠다. 성장 과정에서 좋은 스승을 만난 것이 나에게는 평생에 걸쳐 여간 큰 행운이 아닐 수 없다. 강장强將 밑에 약졸弱卒 없다는 이야기가 있다. 선생의 가르침대로 생활해 왔고, 배운 대로 학생을 지도해 온 결과 그런대로 괜찮은 선생이 된 것 같다.

평생 나에게 바른 인생관을 심어주신 선생을 잊어본 적이 없다. 그런데도 선생님을 어찌 찾지 않았을까? 바쁘게 살아왔기 때문일까? 아니면 용기가 없어서였을까? 선생은 아직도 살아 계실까? 건강하실까? 혹시 지금이라도 선생을 뵌다면 선생이 나를 기억하실까? 이런 별의별 부질없는 생각을 해 보기도 한다. 아니 몇 번인가 선생을 찾아보기도 했지만 찾지 못했다. 그래도 하고 싶은 말이 있다.

"그리운 선생님, 용서하십시오. 존경합니다. 보고 싶습니다."

* 이 글을 쓴 이후로 선생이 교육부 편수국장을 역임하고 일본 유학을 거쳐 교원대학교 교수로 근무하다 퇴직하셨다는 이야기를 우연히 들었다. 어린 우리들을 지도해 주신 선생의 교육 방법이나 철학은 선생의 편수국장 시절 초 · 중 · 고교 교과서 편찬에 결정적 영향을 미쳤을 것이다. 그만큼 나에게는 일찍부터 참스승을 만난 큰 행운이 있었던 셈이다.

● 『동문선』에 전하는 정습명의 출세작 「석죽화」를 보면 다음과 같다. "세상 사람들은 모란꽃 붉은 것만 좋아해(세애목단홍 世愛牧丹紅)/ 온통 동산에 가득히 심고 가꾸네(재배만원중 栽培滿園中)// 누가 황량한 들판에(수지황초야 誰知荒草野)/ 어여쁘게 피어난 꽃 떨기 알기나 하겠는가?(역유호화총 亦有好花叢)// 색채는 시골 연못 속의 달빛을 꿰뚫었고(색투촌당월 色透村塘月)/ 향기는 언덕 나무의 바람결에 풍겨 오네(향전롱수풍 香傳壟樹風)// 땅이 후미져 찾아오는 귀공자 적어(지편공자소 地偏公子少)/ 아리따운 자태를 농부에게 맡기네(교태속전옹 嬌態屬田翁)"
정습명은 고려 인종, 의종 때의 문신으로 간관諫官이었다. 왕실의 사부로 의종을 훈육하고 보필하였다. 인종의 유명을 받들어 의종의 잘못을 간하다가 왕과 간신들의 미움을 받아 자결하고 말았다. 이 시는 초야에 살아가는 자신의 처지를 야생화 패랭이꽃에 비유한 시이다.

●● 『니안짱(にあんちゃん, 작은오빠)』은 일본판 『안네의 일기』 또는 『사랑의 학교』가 되어 수많은 독자의 심금을 울린 작품이다.

●●● 이윤복이 쓴 일기를 토대로 1965년에 김수용 감독이 〈저 하늘에도 슬픔이〉라는 영화를 만들었다. 이 영화의 주제가는 한복남이 작사 · 작곡하고, 황금심이 노래하였다.

구방심求放心

— 잃어버린 마음을 찾아서 —

희망을 잃지 않고 살아가다보면 꿈은 언젠가 이뤄지기 마련이다. 어느 순간 누구에게나 도약할 수 있는 삶의 터닝포인트가 있고, 그런 전환점이 필요하다. 그것이 빠를수록 좋다. 늦긴 했어도 나에게도 그런 변화의 기회가 있었다.

내가 재직하고 있는 학교는 대학 진학을 목표로 하는 일반계 고등학교였다. 나의 경우 여건상 20년 가까이 3학년 수업을 해왔다. 역사 담당교사는 두 명인데 다른 선생은 교무부장이었다. 교무부장에게 3학년 수업을 맡길 수는 없었으므로 내가 3학년 담임을 할 때는 물론 심지어 1, 2학년 담임을 하면서도 방학 중에 출근하여 3학년 학생을 대상으로 대입 보충수업을 해야 했다. 책임과 의무를 다하기 위해 낮은 물론 밤늦게까지 자율 학습 감독이나 논술 수업 등을 하면서 바쁜 시간을 보냈다. 이런 이유로 일반 대학원은 물론 방학 때만

하는 교육대학원의 진학도 꿈을 꿀 수 없었다.

이렇게 인고의 세월이 흘러간 후 배움에 목말라 있던 나에게도 후배 교사가 생겼다. 나와 함께 한국사와 세계사를 가르친 선생님이 교감으로 승진했기 때문이다.

이후로 후배 교사와 교대로 3학년 수업을 했으므로 시간적인 여유가 생겼다. 마침 여러 대학이 하계 · 동계 방학 때 진행하던 교육대학원 수업을 평일에 하는 야간수업방식으로 바꿔 가고 있었다. 이제 꼭두각시와 같은 직장생활의 굴레에서 벗어나 대학원에 다닐 수 있는 기회가 생긴 것이다. 고민 끝에 전공을 바꿔 한문교육학과로 진학하였다. 내가 일반대학원을 그만둔 지 강산이 두 번이나 변한 후였다.

"학문의 길이란 다른 것이 아니라 잃어버린 마음을 찾는 것이다.(학문지도무타 구기방심이이의; 學問之道無他 求其放心而已矣. :『맹자』「고자」)" • 했다. 공자는 열다섯 살에 학문에 뜻을 두었지만 나는 지천명知天命에 이르러 비로소 잃어버린 마음, 잃어버린 학문을 찾겠다는 새로운 목표가 생겼다.

작은 변화가 때로는 큰 변화를 불러일으킨다. 교육 대학원 진학이 별것 아닌 것 같아도 학생을 가르치는 교육자에서 다시 피교육자가 된 이후로 나의 생활방식은 크게 변했다. 내친 김에 나 자신이 세상에 우연히 태어나 던져진 하찮은 사람이 아니라, 누구에게든 믿음을 줄 수 있는 괜찮은 인물로 거듭나기로 마음먹었다.

이렇게 긍정적인 마음으로 생각을 바꾸자 조수와 바람이 내 편이 되어 배는 곧장 부두에 닿을 수 있고, 폭풍우가 몰아쳐도 넘실대는 파도가 저편 행복의 해안으로 나를 데려다줄 것 같았다.

오늘의 무명인사가 내일의 명망 있는 지도자가 되는 경우도 흔히 있는 일이다. 누구나 처음부터 정상에 있는 것은 아니기 때문이다. 문왕을 도와 주周나라를 건국한 일등 공신이자 제齊나라 시조인 강태공姜太公 여상呂尙도 그런 인물이지 아니한가. 그 유명한 당송 팔대가의 한 사람인 한퇴지(韓退之, 768~824)도 진사과에 세 번이나 낙방한 후 합격했고, 다시 이부시吏部試에도 연거푸 세 번 떨어져 가까스로 재상 배도裵度에게 연줄을 넣어 그 실력을 인정받지 않았던가.

그런 생각이 들자 늦게나마 나의 몸값을 가늠해 보고 싶은 인정 욕구가 생겼다. 자기 정체성을 확인하고 묵묵히 가야 할 새 목표를 확인하였다. 이제 햄릿증후군에서 벗어나 가둬둔 그레고리 잠자(프란츠 카프카의 소설『변신』에 등장하는 인물)와 같은 인물은 더이상 아니었다. 그때부터는 책을 읽어도 신이 나고 두려움도 없었다.

나의 목표는 역사와 고전문학을 접목하여 좋은 책을 쓰고 싶다는 일념뿐이었다. 역사책은 물론 위인전, 자서전, 회고록 등을 중심으로 끊임없이 독서는 해오고 있었지만 이제 전공과목에 집중하여 다시 한문과 철학 공부에 박차를 가하였다. 대학원의 일정은 공부할 방향을 제시해 주었고, 심화학습을 할 수 있는 좋은 계기를 마련해 주었다. 그 결과 평소 관심이 많았던 중국 철학서를 체계적으로 읽어 볼 수 있었다.

석사 논문「황현 시 연구」를 지도해 준 송남 이병기 교수는 나에게 박사과정 입학을 종용하셨다. 나의 재능을 아껴 등록금을 비롯한 일체의 학비를 지원해 주겠다는 말씀을 수시로 하셨지만 나는 그 제의를 수용하지 못했다. 무엇보다 처자식과 직장생활의 현실을 전적으로 외면할 수 없었기 때문이다.

졸업 후, 아버지와 같은 존재인 이병기 교수의 정신적 후원을 받아『매천 황현 시집』3권을 3년간 혼자서 번역해 출판했다.

그런데 세상은 어떻게 변할지 아무도 모른다. 이병기 교수가 1~2년 사이에 지병이 악화되어 갑자기 타계한 이후로, 놀랍게도 그분이 재직한 국어교육학과에 박사과정이 설치되었다. 현직 교사를 대상으로 야간에 수업하기 때문에 여건이 나에게 맞아 이 학과에 지원하였다. 하지만 전공이 다르다는 이유로 면접시험에 세 번이나 탈락했다. 당연한 결과지만 더이상 패배의 노예가 되고 싶지 않았다. 그 때마다『노인과 바다』의 주인공 어부 산티아고의 독백이 생각났다. '사람은 파멸할 수 있어도 패배하지 않는다.(A man can be destroyed but not defeated.)'는 말을 상기想起하여 실망하지 않고 적극적인 자세로 네 번째 지원하여 합격하였다. 오히려 그 틈을 타 고삐를 늦추지 않고 매천 황현이 쓴 나머지 시 모두를 속집과 후집 2권으로 번역하여 매천 시를 완역할 수 있었다.

박사과정에 입학한 후 이제 문학 관련의 책을 본격적으로 볼 수 있었다. 낮에는 담임이나 부장을 해야 했으므로 업무가 늘 많았다. 재직 학교와 주변의 여건은 여전히 대학원을 다닐 수 없도록 나를 방해하였고, 공부하는 것보다 더욱 힘들게 했다. 국어교육과 관련된 새 전공을 공부하는 어려움도 있었다. 마침내 곤경을 헤치고 수료한 끝에 「황매천 시문학 연구」로 학위를 받을 수 있었다.

졸업 후에도 문사철文史哲에 대한 독서의 폭과 정도를 높여 사유의 수준을 높여 갔다. 겉으로 드러나는 업적과 성취감이 생기자 내재적 동기 부여로 자신감도 배가 되었다. '성공이 또 다른 성공을 낳고, 또 다른 기회를 만든다'는 승자 효과(Winner Effect)로 마음속에 잠재된 울결鬱結에서 벗어날 수 있었고, 잃어버린 본연의 내 마음을 찾을 수 있었다.

어느새 나 자신이 무릉의 한 어부가 되어 배를 힘차게 저어 열락의 도원으로 들어가고 있었다.

• "인仁은 사람의 마음이요, 의義는 마음의 길이다.(仁, 人心也; 義, 人路也. :『맹자』「고자」)" 라는 내용이 있다. '구방심求放心'은 잃어버린 마음을 구하는 공부로 '인과 의'의 마음인 선善을 회복하기 위한 수양의 방법이다.

카이로스의 시간과 최적 경험

열등의식은 남보다 자기를 낮추어 평가하는 마음으로, 주관적으로 느끼는 마음속의 감정이나 의식이다. 완벽하게 갖춰진 사람은 없다. 그러므로 정도의 차이는 있지만 누구나 열등의식은 조금씩 있다.

나 역시 성장하는 과정에서 외모나 학력에 대한 열등의식이 있었다. 외모가 추하다면 용모를 가꾸고 포용력이나 남을 배려할 줄 아는 고운 마음씨를 갖고 살아가면 된다. 또 학력이 부족하다면 한 분야에서 1인자가 되면 그만인 것을. 그런데도 그 시절에는 그러한 노력을 하지 않고 방치하면서 살아왔다. 그것이 제일 큰 문제였다.

'일체유심조一切唯心造'라는 말처럼 모든 것은 마음먹기에 달려 있다. 열등감을 극복하는 방법은 긍정적이고 적극적인 자세, 개방적인 사고라고 생각한다.

줄탁동기啐啄同機(=줄탁동시啐啄同時)라는 말이 있듯이, 병아리가 알에서 부화하려면 어미 닭의 도움이 필요하지만 병아리 스스로 더 분발하여 알을 깨고 나오려는 노력이 있어야 한다. 옆에서 도와주는 것보다 본인 스스로 문제를 해결하려는 적극적인 자세와 실천이 중요하다.

"군자는 자신의 능력이 없음을 근심할 뿐, 남이 나를 알아주지 않음을 걱정하지 않는다.(군자병무능언 불병인지불기지야; 君子病無能焉 不病人之不己知也. :『논어』「위령공」)" 하였다. 또 "썩은 나무는 조각할 수 없다.(후목불가조야; 朽木不可雕也. :『논어』「공야장」)"고 하였다.

윗글처럼 남이 알아주든 말든 남과 비교하지 말고, 하고 있는 분야에서 소신껏 내면의 실력을 키워가야 한다. '도리불언 하자성혜(桃李不言 下自成蹊; 복숭아와 오얏나무는 말을 하지 않아도 그 아래로 저절로 길이 난다.)'라는 고사도 있다. 실력이 있으면 사람들은 찾아오고, 기회는 오기 마련이다. '낭중지추囊中之錐'라는 말도 있잖은가.

> 공자께서 말씀하시기를, 내가 일찍이 종일토록 먹지 않고 밤새도록 자지 않으면서 생각해 보았으나 유익한 것이 없었다. 배우는 것만 못하다.(자왈, 오상종일불식, 종야불침 이사, 무익. 불여학야; 子曰, 吾嘗終日不食, 終夜不寢 以思, 無益. 不如學也. :『논어』「위령공」)

젊은 시절에 『논어』를 공부하면서 수없이 읽어 본 글이지만 그때는 공감하지 못하고 실천하지 못했다. 그러나 지금은 금과옥조와 같은 교훈이 되었다.

생각해 보면 젊은 나이의 나는 담대하지 못했다. 자신감을 잃고 무기력한 생활을 하면서 주변의 환경만을 탓하고 표류하면서 살아왔다. 열심히 배우지 않았다. 최선을 다하지 못한 생활이었기에 삶의 먼 뒤안길에서 계획 없이 보내버린 젊은 날을 반성하면서 이렇게 고백록告白錄을 쓰고 있다. 혈기 왕성하고 기억력이 총명할 때 체계적으로 독서하고 학문에 힘써 정진해 왔더라면 얼마나 좋았을까, 후회막급하다.

욕심은 한이 없다. 그러므로 누구나 현재를 만족하면서 살아가는 사람은 거의 없다. 하지만 만족하는 사람으로 살아가기보다는 불만족한 마음으로 살아갈 때 역설적이게도 그 꿈은 이루어진다.

고난은 '인생 최고의 스승'이라 했다. 고난의 크기만큼 성장하기 때문이다. 또 "우환 속에서 살고 안락 속에서 죽는다.(생어우환 이사어안락; 生於憂患 而死於安樂. :『맹자』「고자」)" 했다. 살아가면서 우환과 장애, 재앙은 갑자기 닥쳐오므로 젊은 사람일수록 체념하지 말고 칠전팔기, 백절불굴의 자세로 다가온 시련에 맞서 이겨야 한다. 안주하면 도태가 될 뿐이다.

고난을 극복하는 과정에서 인생의 기쁨과 묘미가 있다. 한 가지 어려움을 극복하고 나면 다른 하나는 잃어버린다. 그러나 보상이 크면 그 손실은 묻히고 잊혀 간다.

나의 경우 전공과목을 사학史學에서 한문과 철학哲學, 그리고 다시 문학文學으로 바꿔 가며 공부했다. 새로운 학문을 접할 때마다 '카이로스(Kairos; 그리스 신화에 나오는 '기회'의 신)의 시간'이 되어 지적 호기심에 몰두하였다. 취향에도 맞아 십수 년 동안 매일 서너 시간밖에 잠을 자지 않았다.

몰입의 특징은 시간의 흐름을 망각하는 것이고, 그 몰입을 '최적 경험(optimal experience)'이라 한다. 책을 보는 동안 놀랍게도 최적 경험의 상태로 시간은 곧잘 빠르게 지나가곤 하였다. 그러다 체력 관리를 하지 못해 '뇌하수체 종양'에 걸려 삶이 풍비박산 날 뻔했다. 용케 병을 극복하고 살아남아 전공한 학문이 서로 동반 상승되어 시너지 효과를 얻을 수 있는 장점이 생겼다. "영광의 상처는 없는 것보다 있는 것이 낫다."는 말처럼 그사이 매천 황현이 쓴 2,027수의 한시漢詩를 다섯 권으로 최초 완역하고, 매천에 대해 종합적으로 연구한 저서 『매천 황현 시와 사상』은 문광부에서 추천하는 세종학술도서로 선정되었다. 나를 내세우지 않고 묵묵히 독서 해 온 도광양회韜光養會(재능이나 명성을 드러내지 않고 기다림)의 결과였다.

밖으로 드러나는 학문적 업적이 거듭 생기자 마음속에 진 빚을 갚을 수 있었고, 자긍심도 가질 수 있었다. 또 내 인생의 전환점을 마련하는 새로운 계기가 되었다. 그러나 생각해 보면 나의 경우는 성공적인 삶보다는 실패한 경험만 누적되어왔다. 그리 크게 내세울 것 없는 삶이었기에 함부로 보내버린 청춘을 후회하면서 그 시절의 나를 이렇게 훈계해 보았다.

인생은 100m 달리기가 아니다. 42.195㎞를 가는 장거리 경주다. 그러므로 누구나 자기 직분과 관심 분야에 30년 이상을 궁구窮究하다 보면 달인이 되고, 그 방면에 일가를 이룰 수 있다. 성공적인 삶을 살아가려면 한 우물을 파야 한다. 기능이나 기술 한 가지를 정해 전문적으로 익혀 가야 한다. 무슨 일을 할 것인가, 목표와 방향을 바르게 설정하고 그다음 설정된 목표를 향해 가라.

빨리 가는 것은 그다지 중요치 않다. 느릿느릿 가도 좋다. 우보만리牛步萬里라는 말이 있고, 말 가는 곳에 소도 갈 수 있다.(마행처우역거 馬行處牛亦去 : 이덕무, 『청장관전서』) 우공이산愚公移山이란 고사가 있듯이, 뜻만 있으면 일은 반드시 성취된다.(유지자사경성; 有志者事竟成)

정상에 도달하고 나면 또 다른 정상이 보인다. 젊고 꿈 많은 사람일수록 '무엇이 되느냐'를 생각하기보다 '어떻게 살아가야 할 것인가'를 고민하라….

젊은 날에 나는 왜 이것을 모르고 살았을까? 그 시절 건성으로 읽은 『파우스트』에 놀라운 문구가 있었다.

"날마다 정진하면서 애쓰는 사람/ 그 혼을 우리도 구출해 줄 수 있으리."

어머니, 우리 함께 고향 노래 불러요

철이 들 무렵 어머니가 나에게 가르쳐 준 노래가 있다. "찔레꽃 붉게 피는 남쪽 나라 내 고향~"으로 시작되는 「찔레꽃」이라는 노래와 "고향이 그리워도 못 가는 신세, 저 하늘 저 산 아래 아득한 천 리~"로 시작되는 「꿈에 본 내 고향」과 같은 노래다. 특히 겨울철 농한기에 어머니는 이런 노래를 심심찮게 부르셨고, 그때마다 나에게 가사를 알려주면서 함께 따라 부르기를 원하셨다.

시간이 흘러 내가 집을 떠나 대학을 졸업한 후 아버지가 되었을 때 나의 아버지가 돌아가셨다. 위암 환자로 투병생활을 하시던 그 해에 팔 남매나 되는 형제자매들이 직장과 학교로 모두 집을 떠나갔고, 어머니 혼자 아버지를 간호하셨다. 아버지의 건강은 점점 악화되어 갔다.

차편이 좋지 않던 그 시절, 나는 몇 달 동안 왕복 다섯 시간여에 걸쳐 여섯 차례나 버스를 갈아타고 또 걸어서 출퇴근하였다. 한없이 울고 다닌 보람도 없이 아버지는 돌아가셨다.

운명하시던 날 밤, 집에 귀가하자마자 피에타 조각상처럼 보듬고 있는 아버지의 온기는 점차 식어만 갔다. “아버지! 아버지!” 큰 소리로 부르고 불렀지만 대답이 없었다. 슬퍼도 울음조차 나오지 않았다.

아버지는 낭만적인 분이었다. 인물이 훤칠하고, 인덕이 넘쳐흐르는 분으로 어떻게 보면 숙맥불변菽麥不辨한 한량이셨다. 교황 ‘요한 바오르 2세’의 한국 방문을 계기로 사람들은 아버지의 얼굴이 교황과 닮았다고 하였다.

아버지는 술을 좋아하지 않으셨다. 간혹 막걸리를 한잔하시고 나면 얼굴이 불그스레해진 아버지는 하모니카를 곧잘 부셨다. “지화자 좋구나 좋다”는 가사를 가진 「대한 팔경」이나 “바닷물이 철썩철썩”으로 시작되는 「서귀포 칠십 리」와 같은 노래를 즐겨 부르셨다.

그 영향을 받았는지 나도 고교시절에 용돈을 모아 하모니카를 샀다. 금방 배워 부모가 생각나면 “낙엽이 우수수”로 시작되는 「부모」를, 누님이나 여동생들이 생각나면 「과꽃」이나 「오빠 생각」을 불었다. 이렇게 가족과 관련 있는 노래를 들로 산으로 싸다니면서 불어댔다.

새 노래를 배울 때마다 고향 노래가 달라졌다. 제법 성장하자 김수인의 시에 이수인이 곡을 붙인 “고향길 눈 속에선 꽃등불이 타겠

네. 고향집 싸리울엔 함박눈이 쌓이네~~"의 「고향의 노래」를 불렀다. 대학에서 미국사美國史를 공부한 후로는 드보르자크의 「신세계 교향곡」이 좋았다. 결혼 후 어린 아들과 함께 놀 때마다 "꿈속에 그려라 그리운 고향"의 가사를 가진 이 교향곡의 제2악장 '꿈속의 고향(Going home~)'을 즐겨 듣곤 하였다. 때로는 아기를 잠재울 때 이 노래를 자장가처럼 불러주기도 하였다.

어느 해 겨울 싸락눈이 퍼붓고 있는 날, 텅 빈 고향집을 지키고 계신 외로운 어머니를 찾아갔다. 어머니는 현모로서의 지혜가 있는 분이셨다. 그날 밤 어머니가 들려주는 지혜 — 살아온 옛날이야기를 들으면서 어머니와 함께 고향 노래를 불렀다.

어머니의 고향은 내가 성장한 곳에서 30여 리쯤 떨어진 북면 한교마을이다. 어머니는 친정에서 그리 멀지 않은 곳으로 시집와 우리 남매들을 낳고 길러주셨다. 하지만 교통이 좋지 않던 그 시절에 어머니에게는 고향이 멀게만 느껴졌을 것이다. 어머니는 고향이 그리워 고향 노래를 부르셨겠지만 나 또한 부모 형제가 생각날 때마다 고향 관련의 노래가 더없이 좋았다. 「고향의 봄」이나 "고향 땅이 여기서 얼마나 되나/ 푸른 하늘 끝 닿은 저기가 거긴가"와 같은 노래를 시도 때도 없이 불렀다. "먼 산에 진달래 울긋불긋 피었고, 보리밭 종달새 우지우지 노래하면"으로 시작되는 「망향」 노래도 추억의 노래다.

어머니가 즐겨 부른 노래엔 「애수의 소야곡」이나 「고향 설」과 같은 노래도 있다. 「고향 설」은 일제치하 1942년, 가수 백년설이 불렀다. 아마도 어머니가 처녀 시절에 배운 노래였을 것이다.

> 한 송이 눈을 봐도 고향 눈이요/ 두 송이 눈을 봐도 고향 눈일세/ 깊은 밤 날아오는 눈송이 속에/ 고향을 불러보는 고향을 불러보는 젊은 푸념아

노래 속의 눈은 향수를 불러일으키는 애상적哀傷的인 눈이다. 어머니는 고향에 가고 싶은 마음을 이입해 이런 노래를 부르셨을 것이다. 어머니를 따라 부르던 노래라, 내가 어쩌다 이 노래를 듣거나 부를 때마다 어머니가 생각나 울컥해진다. 힘겹게 살았던 옛날이 생각난다.

문학이나 영화, 드라마뿐만 아니라 노래 또한 그때 그 시절을 반영한다. 우리 민족은 명절, 특히 설날이나 추석에 온 가족이 모여 차례를 지냈다. 그러므로 설이나 추석 때만큼은 뿔뿔이 흩어진 식구들이 만날 수 있는 절호의 기회였다. 태평양전쟁이 일어난 그 시기에는 나라 없는 설움에 징병이나 징용으로 일본이나 만주, 남양군도, 군함도 등으로 끌려간 사람들이 수없이 많았다. 그들은 소설 『수난이대』의 아버지처럼 한쪽 팔을 잃고 살아 돌아오기도 하지만, 돌아갈 고향을 잃거나 한스럽게 죽어 영영 고향으로 돌아오지 못한 사람들도 숱하게 많았다. 이렇게 「고향 설」의 배경은 설날에 귀향하지 못하

고 애달프게 타국이나 타향에서 느끼는 가족에 대한 그리움, 고향으로 가고 싶어도 가지 못한 서러움과 우리 민족의 한恨을 노래한 것이다.

어머니는 해방을 맞고 결혼한 후에도 6 · 25전쟁의 풍상을 겪으면서 민주주의와 공산주의 이념의 대립과 생사의 갈림길에서 살아남으셨다. 그리고는 또다시 보릿고개를 넘기셨다. 격동과 파란의 세월을 보내면서 어머니가 즐겨 부른 고향 노래 속에는 애수와 그리움의 정조가 가득 차 있다.

그렇게 한 많은 삶을 살아오신 어머니도 시간이 흘러 내장산 단풍이 곱게 물든 가을날, 꽃길 따라 저세상으로 가시고 말았다. 인생은 여진여몽如眞如夢인가? 여취여몽如醉如夢인가? 한 판 호접몽蝴蝶夢(『장자』「제물론」)의 덧없는 인생일 뿐이다. 어머니가 돌아가신 지 어느새 20여 년이 넘었다.

어머니는 어디 계신지 간 곳이 없고, 나만 홀로 남아 어머니와 함께 불렀던 그 옛날의 노래를 불러본다. 으스레한 등불 밑에서 오순도순 모여 살던 어린 시절이 생각난다. 지금은 나이가 들어 가사도 잊어먹고 목소리마저 잠겨 둔탁한 소리만 흘러나온다. 맑은 목소리는 어디로 갔는지 서글픈 생각만 몰려온다. 어느새 검은 머리는 시설柹雪처럼 되어 버렸다. 그래서 이백은 그 모습을 "조여청사모성설朝如青絲暮成雪(아침에 푸른 실 같더니 저녁에 눈처럼 하얗게 세다)"이라 했던가.

반세기가 흘러가 버린 지금 내가 살던 우리 집은 잡초에 묻혀 어머니도 나도 잃어버린 마음의 고향으로 남고 말았다. 그래도 어린 시절의 정든 시골길을 생각하면 마음이 푸근해진다. 고향집에 울려 퍼진 메아리가 들려올 듯, "꿈속에 그려라, 그리운 고향"을 노래하면 언제나 두고 온 고향산천 서래봉으로 가는 길이 어머님의 몽환夢幻처럼 절로 떠오르곤 한다.

그리운 어머님, 어디에 계신지요? 좋은 세상 천국에서 하나님도 만나고 아버님도 만나셨나요? 아, 저와 함께 노래하던 그 시절이 그리워집니다. 우리 함께 고향 노래 불러요….

백설白雪 이야기

눈! 눈이 오는 날은 왠지 신나는 날이다! 아침에 내린 눈이 그쳤다가 저녁 무렵 다시 난분분하게 흩날려 어릴 때의 추억이 오롯이 생각났다.

초등학교 5~6학년 시절, 그때는 눈이 참 많이 내렸다. 눈이 수북이 쌓인 날 아침, 아버지는 눈을 치우기 위해 잠자는 우리를 깨웠다. 무엇보다 아버지는 늦잠 자는 것을 이해하지 않는 분이셨다. 잠이 미처 깨지 않았는데도 방문을 활짝 열어 놓아 할 수 없이 눈을 비비고 두툼한 옷을 입고 밖으로 나와 쌓인 눈을 치웠다. 우리 남매들은 야단법석을 떨며 아버지를 도와 넓은 마당과 뒤란의 장독대, 마을 안 골목길에 쌓인 눈을 치웠다.

그 시절에는 할 일 없이 장난삼아 눈을 움켜 먹어보기도 하고 눈 위에 누워 눈 사진을 찍기도 했다. 저녁밥을 먹고 나서 할머니, 아버지, 어머니가 아랫목에 앉고 우리 남매들은 윗목에 앉아 차례로 돌아가면서 노래를 불렀다. 무료하기 짝이 없는 긴긴 겨울밤, 호롱불 밑에서 소위 가족 콩쿠르를 연 것이다. 알고 있는 노래가 많지 않았으니 〈눈〉이나 〈눈꽃송이〉, 〈구두 발자국〉과 같은 노래가 단골이었다.

이런 영향을 받아 중학생이 되어 음악시간에 슈베르트의 〈월계꽃〉을 불러 합창단원이 되었다. 형은 고교시절에 기타를 배워 면민을 대상으로 해마다 콩쿠르 대회를 개최하였고, 여동생은 두 명이나 음악대학을 다녔다.

초등학교 시절은 시간이 더디 가고 심심하기만 했다. 그 시절에는 텔레비전은 커녕 라디오도 없는 집이 많았다. 그나마 차가운 겨울밤 농촌에는 노는 장소가 한정되어 있다. 우리 집 아래채 방은 일꾼이 기거하는 방으로, 농한기에는 동네 사랑방과 같은 곳이었다. 겨울 농한기에 우리 집 일꾼이 잠시 자기 집에 돌아가고 없을 때 우리가 그 틈을 타 이 사랑방에서 놀았다. 그즈음 우리 집에 전기가 들어와 불이 훤히 밝혀져 놀 수 있는 환경이 더욱 좋았다.

눈이 오는 날, 어둠이 성큼 찾아오면 저녁밥을 먹은 친구들은 약속이나 한 듯 이 사랑방에 모여들었다. 따분함을 달래기 위해 어른들이 가지고 노는 화투를 어깨너머로 배워 크레용으로 화투를 그려 민화투나 뻥, 육백 같은 것을 하면서 깔깔거렸다. 화투를 가지고 노는 것은 노름으로 생각해 금지했으므로 어른들 몰래 했다. 그렇게 밤늦게까지 놀다 잠에 곯아떨어진 친구의 고추를 실로 묶어 여기저기 매달아 놓는 장난을 치기도 했다. 생각해 보면 부모님은 시끌벅적하게 떠들어대는 우리의 난잡한 행동을 다 눈감아 주셨다.

내가 살던 마을은 면 소재지가 가까운 큰 마을이었다. 중학 시절에는 형이나 누님의 다른 마을 친구까지 몰려와 우리 집이 항상 붐볐다. 이것은 우리 집이 동네 가운데 있어 오가기가 쉽고 집도 마당도 넓고 컸으며, 남향집이라 마루에 앉아 따사로운 햇볕을 받을 수 있었기 때문이었다.

그런데 한 장소에서 선후배와 함께 놀아도 싸우거나 다투는 일은 거의 없었다. 그 속에도 보이지 않는 위계질서가 있었다. 나 또한 선후배와 곧잘 어울려 놀았다. 내가 사람을 좋아하고 아무나 잘 어울려 지낼 수 있는 성격은 어린 시절의 이러한 습성에서 비롯된 것이라 생각된다.

머리가 더 굵어진 고교시절에도 눈만 오면 내 마음은 들떠 있었다. 김진섭의 「백설부」의 첫 대목 "온 세상이 일제히 환호성을 소리 높여 지르는 듯한 느낌이 난다."라는 것처럼 흥분을 감추지 못하곤 하였다.

저물녘에 내리는 눈은 더욱 살갑다. 그 시기, 해 질 무렵에 쇠죽을 끓이는 것은 나의 일과였다. 먼저 작두로 짚을 잘라 여물을 솥에 넣고 물을 부어야 한다. 쇠죽 끓이는 부엌 앞에는 언제나 톱과 도끼와 모탕이 놓여 있었다. 장작을 팬 다음 불을 살라 타는 소리를 들으면서 고구마를 구워 먹기도 하고, 눈이 그쳤다가 다시 날리는 눈발을 바라보며 눈과 관련된 노래를 목청껏 부르기도 했다.

박용래는 그의 시 「저녁 눈」에서 그 시절의 내 심정을 잘도 읊어 놓았다. "늦은 저녁때 오는 눈발은 여물 써는 소리에 붐비다"의 시구가 바로 그것이다.

눈이 오는 산골 마을의 해질녘 우리 집의 풍경은 끓인 쇠죽을 외양간 구유에 퍼준 다음 저녁밥을 먹는 모습이다. 아니 저녁밥을 먹는 둥 마는 둥 하고 서둘러 친구들을 만나러 가는 뒷모습으로 남아 있다. 그 시절이 "잠 이루지 못하는 밤 고향 집 마늘밭에 눈은 쌓이리.(박용래, 「겨울밤」)"처럼, 향수 어린 내 마음의 그리움으로 묻어난다.

그렇다고 눈 오는 날이라 해도 다 기분 좋은 것만은 아니었다. 중 · 고교 시절에는 시오리를 걸어서 등교했다. 등교하는 날 아침에 눈이 오거나 쌓여 있으면 긴장이 되었다. 자칫하면 지각하기 십상이었기 때문이다.

하교할 때 다시 눈길을 걸어 혼자 집으로 돌아갈 생각을 하면 맥이 쑥 빠지곤 했다. 눈보라 치는 날이면 신작로를 지나 바람에 밀려 쌓인 눈이 무릎까지 빠지는 논두렁길을 헤치고 걸어가야 한다. 책가방은 무겁고 허기가 지고 '귀때기'는 시려 떨어질 지경이다. 그러다가 기진맥진해 동네 길모퉁이에 들어서면 안방처럼 따뜻하였다.

이렇게 이른 새벽부터 아무도 다니지 않은 서걱대는 눈길을 수도 없이 걸어 다녔다. 걸어온 길을 뒤돌아보면 남겨진 팔자걸음이 눈 위에 어지럽게 남아 있었다.

그때마다 "오늘 내가 남긴 발자국이(금일아행적 今日我行蹟)/ 뒤에 오는 사람에게 이정표가 될 것이니(수작후인정 遂作後人程)"라는 휴정(休靜)이 써 놓은 시구가 언제나 생각났다. 또 "길을 잘 가는 사람은 자취를 남기지 않고, 말을 잘 하는 사람은 흠을 남기지 않는다.(선행자무철적, 선언자무하적; 善行者无徹迹, 善言者无瑕適. :『도덕경』「27장」)"라 했다. 눈길을 걸었던 경험이 가슴속 깊이 남아 위의 글들이 자연스럽게 교훈처럼 내 가슴 속에 자리 잡았다.

길을 걷거나 일기를 쓸 때마다 '내가 처신을 곧고 바르게 하고 있는가'를 생각하였다. 이것은 어린 시절 선친先親과 겸상해서 아침밥을 먹을 때 선친이 말씀해 주신 밥상머리 교육이었다.

그 뒤로 객지에서 대학을 다녔다. 집을 떠나올 때마다 부모 자식 사이에 주고받는 말이 있었다.

"잘 다녀오겠습니다."

"몸 성히 있다 와라."

대문을 나서면 곧장 맹교의 시「유자음遊子吟」이 떠올랐다. "인자하신 어머님 손에 실 잡고(자모수중선 慈母手中線)/ 길 떠나는 아들이 입을 옷 지으시네(유자신상의 遊子身上衣)…그 누가 말했던가, 작은 풀과 같은 마음으로(수언촌초심 誰言寸草心)/ 봄날 햇빛과 같은 은혜에 보답할 수 있다고(보득삼춘휘 報得三春暉)"라는 시였다.

추운 날씨에 몸과 마음이 얼어붙을까, 걱정하면서 구멍 난 양말과 옷가지들을 꿰매주시던 어머니가 생각나면, 나도 모르게 어머니의 품으로 달려가고 있었다. 밖에서는 장돌뱅이처럼 돌아다니는 볼품없는 초라한 아들이지만 집에 가면 귀한 아들이었다. 아래쪽 솟을대문에 들어서자마자

"다녀왔습니다."

이렇게 큰소리로 외치면 맨발로 달려 나와 나를 맞이해 주신 어머니였다. 어머니의 품속이 그리운 나에게 어찌 망운지정望雲之情(어버이를 그리워 하는 마음)이 없을 것인가?

"먼 길을 갈 때 걱정하시는 부모님의 은혜(원행억념은; 遠行憶念恩 : 『부모은중경父母恩重經』「십대은十大恩」)" 어찌 잊으리.

3부

「아버지의 밥 ─ 삶의 애환」

거저 주운 돈

휴일 오전 11시경, 외출한 아내가 전화하였다. 장모님께서 운동하러 갔다가 길거리에서 돈을 주웠다고 하면서 그 돈으로 점심을 사려 하니 장모님 댁으로 오라 하였다. '설마 뭔 돈을 얼마나 주웠겠어?' 라고 생각하며 서둘러 차를 몰고 장모님 댁으로 갔다.

장모님은 서울에서 살다가 장인어른이 타계한 후, 우리 집 근처의 아파트로 이사 와 혼자 살고 계신다. 장모님은 연세가 87세인데도 강단이 있어 날마다 집 주변의 호숫가를 돌면서 운동하신다. 힘이 들면 공원 벤치에 앉아 호반에서 만난 사람들과 잡담을 하면서 건강을 챙기신다.

아내를 만나자마자 다짜고짜로 물었다.

"엄마가 진짜로 돈을 주웠어?"

연거푸 물었다.

"어데서 얼마를 주웠어?"

"운동하러 갔다가 80만 원이나 되는 돈을 주웠대요."

그 말을 듣자마자 퉁명스럽게 말하였다.

"그렇게 많은 돈을 주웠으면 얼른 경찰서나 지구대로 가지고 가서 주인을 찾아줘야지, 왜 돈을 집으로 가지고 와요, 가지고 오기는? 빨리 가서 돌려줘요."

다그쳐 말했다.

"당장 주인을 찾아주어야지. 돈 잃어버린 사람은 얼마나 마음이 아프고 쓰리겠어요? 지금이라도 빨리 가져다 줘요."

장모님이 우리 부부의 이야기를 듣고 있다가 한 말씀을 보태셨다.

"돈 돌려줄 필요 없어요. 잃어버린 사람의 잘못이지……."

이렇게 말하면서 장모님도 돌아다니다 돈을 많이 잃어버렸고, 또 줍는다고 하였다. 그러한 예로 고등학교에 다니는 작은아들의 등록금을 소매치기 당해 보기도 했고, 또 스카프 같은 것도 주워 와서 딸에게 주었다고 하였다. 아내가 그 말을 듣고 "명품도 아닌 싸구려 스카프지만 정작 버리지도 못하고, 몇 번인가 그 스카프를 매고 다닌 적이 있다." 하였다. 처음 듣는 이야기였다. 주운 스카프를 자기 것인 양 걸치고 다녔다는 아내의 말과 꼴이 너무나 황당하고 어처구니없었다.

아내는 가까운 곳에서 직장생활을 하고 있는 아들에게 전화했다. "외할머니가 오늘 점심을 산다고 하니까 잠깐 외할머니 집으로 와서 점심 먹고 가라." 하였다. 곧 아들이 왔다. 아내는 아들에게 다짜고짜로 물었다.

"아들아, 너는 길가에 떨어진 돈을 주워 본 적 있냐?"

아들은 몇만 원 주워 본 적이 있다고 하였다.

"아버지는 떨어진 물건이나 돈은 아예 줍지도 않는단다. 주워도 주인을 찾아준단다."

아내는 그렇게 말하고는 "얼마 전에도 아버지와 함께 길을 가는데 누가 천 원짜리 지폐를 떨어뜨렸다."라고 말하면서 아버지가 줍지 않아 엄마인 자기가 주웠다고 하였다. 그러면서 "내가 줍지 않으면 다른 사람이 줍고, 또 주워서 지구대, 경찰서에 갖다 주어도 그 돈이 정말 주인에게 되돌아 가는지조차 의심스럽다." 하였다.

부부일심동체라지만 아내의 이 말을 듣고, 나와 아내와의 사고방식이 판이해서 할 말을 잃었다. '원래 이런 사람이 아닌데……' 하면서 아내에 대해 되짚어 보았다. 그때 수십 년 전에 있었던 잊힌 일이 희미하게 떠올랐다.

나도 군대를 갔다 와 복학하기 전에 지갑을 한번 주운 적이 있었다. 그 안에는 몇십만 원과 구두 티켓 한 장이 들어 있었다. 그때는 영어와 중국어를 공부하기 위해 방배동의 이모님 댁에 잠시 기거하고 있었다. 그 지갑을 이모님께 드리면서 주인을 찾아주도록 하였다. 다행히 지갑 안에는 주인의 전화번호가 있었다.

다음날 밤늦게 귀가했다. 이모님은 지갑 주인이 왔다 갔는데 '고마운 마음으로 구두 티켓을 주고 갔다'고 하면서, 티켓을 나에게 넘겨 주셨다. 지갑을 주운 사실조차 잊고 있다가 갑자기 티켓이 생겨 기분이 좋았다. 좋은 일을 하고 나면 역시나 보상이 생기는 법이다.

그즈음, 내가 다닌 사학과의 전공 한문 교재에는 고려 공민왕 때의 '형제 투금(兄弟 投金)'에 대한 믿기지 않을 이야기가 있었다.

형제가 함께 길을 가다가 동생이 금덩이 2개를 주웠다. 그중 하나를 형에게 주어 사이좋게 나눠 가졌다. 배를 타고 강을 건너는 도중 동생이 금덩이를 갑자기 강물에 던져버렸다. 형이 동생에게 그 이유를 물었다.

"저는 원래 형을 사랑했는데 나눠 가진 금덩이를 보자 형을 시기하는 마음이 생겼습니다. 시기하는 나쁜 마음을 없애려고 금을 강물에 던져버렸습니다."

형이 맞장구쳐 말했다.

"네 말이 진실로 옳구나."

이렇게 말하고 형도 동생이 준 금을 강물에 던져버렸다.

『신증동국여지승람』에 나와 있는 옛날의 이 고사는 물질보다는 형제 사이의 의리를 더 중시하고 있는 내용이다. 이 글에 감동을 받고, 나도 동생의 순일한 마음처럼 형제간에 우애하며 살아가고 싶었다.

지갑을 주운 사건 이후로 이 '형제 투금'의 고사가 생각나 '길가에 떨어진 돈이나 물건을 주워야 할지, 아니면 지나쳐야 할 것인지'를 깊이 생각해 보았다. 물건을 주우면 신경 써서 주인에게 찾아줘야 할 뿐만 아니라 그 과정에서 자칫 주운 물건에 대하여 욕심이 생기기 쉽고, 그렇다고 주운 물건을 내 것인 양 쓰자니 양심이 전혀 허락할 것 같지 않았다. 선하게 살고 싶은 나의 도덕적 가치가 중요하게 생각되어 길가에 떨어진 물건을 더이상 줍지 않기로 마음먹었다.

잃어버린 물건에 대하여 과거의 경험담을 회상하면서, 오랜만에 횟집에 갔다. 물론 주운 돈을 기어이 경찰서에 갖다 주겠다는 의지로 따라간 것이다.

우리 식구 네 명은 식탁에 앉아서도 돈 이야기를 계속하였다. 장모님은 지난 구정 때 아들 세 명과 아내인 딸 한 명으로부터 받은 세뱃돈을 장롱 안에 넣어 두었다고 하였다. 그러고는 그 사실을 까마득히 잊어버렸다. 그런데 어제 옷가지를 찾다가 우연히 그 돈을 발견했단다.

눈치가 없는 나는 그제야 감을 잡았다. 마음속으로 쾌재를 부르며, '그러면 그렇지. 누가 그렇게 많은 돈 80만 원을 한꺼번에 잃어버리겠어? 그런 돈이라면 장모님도 당연히 주인에게 돌려줄 사람이지.' 하고, 비로소 안도의 숨을 쉬었다.

아내는 내 안색을 보고, 내 태도가 어떨지 궁금하여 장난삼아 그렇게 둘러대어 말해 보았다고 하였다. 장모님까지 가세하여 내 의지를 떠본 것으로 나는 물론 아들까지도 감쪽같이 속아 넘어간 것이다.

생각해 보면 장모님이 장롱 속에 넣어둔 돈을 기억하지 못하고 있다가 발견한 돈도 주운 돈은 주운 돈일 것이다. 이날 장롱 속에서 찾아낸 돈으로 장모님은 우리 부부와 아들에게 용돈으로 10만 원씩 나눠주고, 점심값도 계산하였다. 점심을 간단히 먹을 수도 있었으나 이날은 장모님이 찾은 돈으로 값비싼 귀한 음식을 먹었다. 귀가하는 차 안에서 장모님은 40여만 원의 공돈이 생겼다고 무척이나 좋아하셨다. 돈을 쓰고도 남은 돈이 많다고 하면서 해맑게 웃으시는 장모님의 모습이 참 보기 좋았다.

돈을 어떻게 생각하고 어떻게 써야 할까? 돈이 많다고 해서 반드시 부자가 되는 것은 아니다. 마음속의 부자가 진짜 부자이고, 또 '가진 돈을 어떻게 쓰느냐'에 따라 돈의 가치가 달라지기 때문이다.

장모님은 이미 돈 쓰는 방법을 알고 계신 분이다. 부유하지 않더라도 장모님처럼 구차하지 않고 속되지 않게 살아갈 수 있다면 그것이 품격 높은 풍족한 삶이라 생각되었다. (2017년 2월 27일)

그리운 구례 아주머니

꽤 오래전, 서울에 있는 한 대학병원에서 뇌하수체 종양 수술을 받았다. 뇌하수체는 인체의 호르몬 분비를 명령하는 기관의 하나로, 시상하부와 함께 두개골의 중앙에 위치하고 있는 중요한 장기이다.

맨 처음 이 병명을 진단받고 악성 종양인 줄 알고 가슴이 철렁 내려앉았다. '세상에 태어나 한 것도 없는데, 아아! 이렇게 허망하게 죽어가는구나.' 하고 한탄하면서 심히 절망했다.

그나마 수술은 잘되었다. 내가 중환자실에 누워 있는 동안 아내는 복도에서 서성거리며 빈 의자에서 새우잠을 잤다고 한다. 환자가 중환자실에 있는 동안 보호자는 병실을 비워 줘야 한다는 병원의 규정을 이때 처음 알았다. 허리 수술의 후유증으로 '앉아 있기가 힘들었다'는 아내의 이야기를 듣고 눈물이 핑 돌았다.

중환자실에서 일반병실로 병상을 옮겼다. 그런데 구례가 고향이라는 어떤 연만한 아주머니가 나를 찾아왔다. 아내는 중환자실 복도에서 구례 아주머니를 만났다고 하면서 그 남편에 대해 말해 주었다.

아주머니의 남편은 관광버스 기사로 쉬는 날 사다리를 타고 지붕에 올라가 집을 수리하다 낙상하였다고 한다. 이웃 사람의 도움을 받아 119구급차로 집 부근의 대학병원으로 옮겨졌으나 보호자가 나타나지 않아 수술하지 못했다고 한다. 밤늦게 퇴근한 아주머니는 놀라 허겁지겁 병원으로 찾아갔으나 수술 시기를 놓쳐 병원에서 끝내 남편을 수술해 주지 않았단다. 뒤늦게야 내가 입원 중인 병원으로 옮겨와 가까스로 수술을 했다고 하였다. 허나 수술이 늦어진 바람에 남편이 인사불성이 된 채 몇 달 동안 중환자실에 누워 있다고 했다.

구례는 구한말 역사학자요 시인이자 독립운동가인 매천 황현 선생이 살았던 지역이다. 나는 매천 문학과 사상을 전공하였기 때문에 연구차 구례에 자주 다녔다. 그래선지 구례 출신 아주머니가 더없이 반가웠다. 아주머니는 같은 병실에서 남동생의 병간호를 하던 홍 씨와 잘 알고 있었다. 그래서 병실에 있는 동안 이 아주머니와 함께 세상 살아가는 이야기를 하면서 병실의 무료함을 달랠 수 있었다.

아주머니는 서울 시민이지만 그렇다고 가문이 좋거나 배움이 있는 것도 아닌 것 같았다. 하지만 하던 일을 그만두고 중환자실의 면회시간을 놓치지 않고 날마다 병원에 출근하다시피 하면서 남편이 깨어나기를 간구하는, 그야말로 순박한 촌 아주머니 그대로였다.

퇴원 수속을 마친 후 병실을 나서던 날, 아주머니는 아쉬운 듯 병원의 지하 식당까지 따라와 아내와 나에게 점심을 사 주었다. 아무리 없이 살아도 밥 한 그릇은 살 수 있다고 하면서 밥값을 굳이 계산하였다. 그즈음 아주머니는 중환자실에 있는 남편이 아직까지 사람을 알아보지 못하고 등창마저 났다고 걱정하고 있었다. 아내와 나는 아주머니에게 "아저씨는 곧 일상으로 돌아올 겁니다. 기도해 드릴게요."라고 말하면서 남편의 증세가 호전되어 퇴원할 수 있기를 바란다는 말로 위로해 드렸다. 우리는 그렇게 서로가 서로를 걱정하면서 아쉬움을 남긴 채 석별의 정을 나누었다.

퇴원 후 몇 달이 지난 어느 날, 병원에 검사를 받으러 갔을 때 우연히 구례 아주머니를 복도에서 만났다. 놀랍게도 남편을 휠체어에 태워 밀고 가고 있었다. 참으로 반가웠다.

아주머니는 휠체어에 앉아 있는 남편에게 말했다.

"이 선생님이 당신이 병상에서 일어날 수 있도록 기도를 많이 해줬어요. 내가 말한 선생님이 바로 이분이에요."

부인이 하는 말귀를 알아듣고, 아저씨는 비록 말은 하지 못했지만 나를 쳐다보며 감격하여 어느새 소리 없이 두 줄기 눈물을 줄줄 흘리고 있었다. 얼마나 정이 그리웠으면, 삶의 애착이 있었으면 이렇게까지 눈물을 흘릴까, 하는 생각에 나도 눈시울이 뜨거웠다. 손을 꼭 잡아주고 포옹도 해 주었다. "아저씨, 건강을 꼭 회복하세요."라는 말을 남기고 숙연한 마음으로 헤어졌다.

그 후 나는 수술로 1년간 휴직하였다. 치료에 전념하는 동안 삶의 의욕을 상실하고 의기소침한 시간을 보내고 있었다. 그때에 갑자기 핸드폰의 메인보드가 나가 아주머니와 홍 씨의 전화번호 모두를 상실하고 말았다. 공교롭게도 그즈음 아내마저 휴대전화를 잃어버렸다. 그 바람에 아쉽게도 구례 아주머니의 전화번호가 영영 없어지고 말았다.

건강이 어느 정도 회복되자 행여 아주머니의 전화번호가 일기장에 있는지 찾아보았다. 가슴이 두근거렸다. 아, 근데 실망스럽게도 평생을 고집스럽게 써 오고 있는 일기장에도 아주머니의 전화번호가 없었다. 수술한 후로 제대로 일기를 쓰지 못해서였다.

아주머니의 이름도 남편의 성명도 모른다. 아마도 나와 같은 병실을 썼던 환자의 보호자인 홍 씨가 아주머니의 전화번호를 가지고 있을 것 같기도 하다. 하나 그분의 이름도 생각나지 않는다. 홍 씨를 찾을 수 있다면 나와 선연善緣이 있는 아주머니도 찾을 수 있을 텐데, 하는 큰 아쉬움만 남았다.

회자정리會者定離란 말이 있다. 사람은 만났다가 헤어지기 마련이다. 잠시 만났지만 잊을 수 없는 분들이 있다. 별것 아닐 것 같은 친절이 감동을 주기도 하고, 잊을 수 없는 추억거리를 만들어 주기도 한다. 여행을 하면서 잠깐 이야기하다 헤어진 사람들, 스쳐 지나가는 짧은 순간의 대화 속에도 잊지 못할 추억이 스며들어 있다. "사람은 누구나 만날 만날 수 있지만/ 사랑은 가슴으로 만날 때/ 가장 숭

고한 꽃이 된다…가슴으로 만난 사람은/ 모두 가을처럼/ 깊고 붉은 한 송이 꽃이 된다.(이삭빛, 「가슴으로 만난 사람은 꽃이다」)"는 시처럼.

고교생 아들과 함께 한여름에 지리산 천왕봉을 등정할 때 목말라하는 우리에게 귀한 생명수生命水를 나눠 주고 사진까지 찍어 보내준 서울의 한 청년(아쉽게도 보내온 편지에 주소가 없었다), 또 뉴욕 '자유의 여신상' 앞에서 부탁도 하지 않았는데 고맙게도 자진해서 우리 부부의 소중한 기념사진을 찍어준 중년 여성과 같은 분들이 그러한 사람들이다.

아름다운 추억은 환희의 미소처럼 소리 없이 다가온다. 구례 아주머니도 나의 기억 속에 잊을 수 없는 사랑의 별과 같은 존재다. 남편의 건강 회복을 바라면서 동분서주하던 아주머니가 눈에 선하다.

그 뒤로 구례 아저씨는 건강을 회복했을까? 그립다. 어디에서 살아가고 계실까? 정어린 구례 아주머니의 해맑은 모습이 눈에 아른거린다. '부디 건강하게 오래오래 사십시오.' 이렇게 중얼대며 기도해 본다.

삶의 애환

— 사글셋방에서 시작하여 다가구 주택을 갖다 —

대학에 입학한 이후로 집을 떠나와 셋방을 전전하면서 생활해 왔다. 말하자면 돈이 없어 하숙을 하지 못하고 사글셋방에서 자취하면서 살았다.

대학을 졸업하고 취업한 후로는 받은 월급을 꼬박꼬박 부모님께 갖다 드리곤 하였다. 자라나는 동생들의 학비 감당이 어려웠기 때문이다. 그러다가 어렵사리 돈을 모아 전셋돈을 마련해 대학생이 된 여동생과 함께 이간장방二間長房에서 전세를 살기도 했다. 하지만 집안 형편이 점점 더 어려워지자 전세금을 부모님께 갖다 드리고 다시 사글셋방으로 옮겨가 살았다.

경제가 더 어려워지자 결혼할 생각은 하지도 못했다. 더구나 그 시기에는 대학원 복학이 나의 당면한 목표였기 때문에 더욱 그랬다. 그런데도 우여곡절 끝에 중매결혼을 했다. 여동생을 내보내고 살던

방에서 그대로 사글세로 신혼 생활을 하였다. 아내는 결혼하면서 다니던 직장에 사표를 냈다. 돈이 없으니 결국 혼수로 마련해 준 패물을 팔아 썼다. 아기가 태어나고, 아내는 한동안 아기의 분윳값이 없어 늘 걱정하고 있었다.

그즈음 나는 학교 형편상 해마다 고3 수험생을 가르치고 있었다. 대학원을 보내지 않으려는 교장의 완강한 의지에 부딪혀 낮에 하는 대학원 수업 시간을 맞추지 못했다. 결국 돈이 없는 데다 학교 사정으로 학문의 길을 포기하고 말았다.

결혼 초기는 일생을 두고 가장 패기 왕성한 시기였지만 대학원을 그만둔 뒤로 희망을 잃었다. 희망을 버리는 것처럼 어리석은 일은 없다. 매일 도살장에 끌려가듯이 출근하였다. 내 뜻을 모르는 아내는 새벽밥을 해 주면서 직장으로 나를 몰아댔다. 월급의 두 배, 세 배를 더 일해줘야 한다는 것이 아내의 지론이었다. 갈 곳 없는 나는 술도 깨지 않은 채 직장으로 출근하곤 하였다. 그런 이유로 항상 누구보다 제일 먼저 출근하는 모범 교사가 되어 가고 있었다.

그렇게 한 달을 근무하고 나면 20여만 원의 월급을 현금으로 받았다. 물질적인 보람은 있었으나 대학원생으로 되돌아가고 싶은 유혹을 물리치지 못해 좀처럼 직장생활에 적응하지 못했다. 월급봉투를 들고 제일 먼저 술집으로 가 외상값을 갚았다. 그 자리에서 다시 외상술을 마시면서 자신의 불우함과 군사독재 시절의 수상함을 한탄하곤 하였다.

월급에서 사글세와 생활비를 제외하고 남은 돈을 여전히 부모님께 가져다 드리는 궁핍한 생활을 하였다. 호주머니에는 버스비조차 없을 때가 많았다. 술값으로 생활비와 용돈을 없애 버리고 차비가 없어 이리저리 굴러다니는 동전을 찾다가 저금통을 몇 번인가 부수기도 했다. 10원짜리 동전을 넣어 놓은 돼지 저금통을 가르면 80년대 중반 즈음의 버스비 120여 원을 한동안 걱정하지 않아도 되었다.

'곤궁한 살림살이에 언제 집을 장만할 것인가?'를 생각해 보면 나의 생전에는 요원한 과제로 불가능한 일처럼 느껴졌다. 단칸방이라도 집 가진 사람들이 그렇게 부러울 수가 없었다. 달팽이도 집이 있고 여우도 굴이 있다는데, 대도시에 크고 작은 집들이 수없이 많이 있어도 나에게는 전세방 한 칸이 없었다.

우리는 노력 끝에 전셋돈을 마련하여 꿈에 그리던 한 칸 방으로 이사할 수 있었다. 월세가 나가지 않는 것만으로도 부자가 된 기분이 들었고, 곧장 돈을 모을 수 있을 것만 같았다. 그렇게 시간이 흘러 방이 두 개 있는 이층집을 통째로 얻어 전세로 들어가 살았다. 아기가 떠들고 울어도 옆방의 눈치를 보지 않고 살아갈 수 있어서 참 좋았다.

형편이 조금 나아지자 아내와 상의 끝에 집에 전화를 놓았다. 35만 원의 전화 설치비가 필요하여 은행 융자의 최저 금액 50만 원을 대출받았다. 전화를 놓고 싶어 필요 이상의 돈을 빌린 것이다. 전화를 놓고 나니 그만큼 편리해 좋았다. 신이 나서 사방의 일가 친지들에게 전화하였다. 은행에 갚아야 할 빚은 많아졌지만 그래도 '재산을 모아가는 재미가 바로 이런 것이구나' 하는 생각이 들고 삶의 보람도 느꼈다.

시간이 또 흘러, 절약하고 저축하여 노력 끝에 15평의 작은 아파트를 분양받았다. 대출을 받기도 했다. 처음으로 내 집이 생겨 비로소 가장이 된 기분이 들었다. 아이 한 명 데리고 살기로는 더없이 좋은 아파트였다.

그 뒤 넓은 평수의 아파트를 갖기 위해 우리 부부는 부단히 애를 썼다. 청약 저축을 이용하여 몇 번의 시도 끝에 운 좋게 31평짜리 아파트를 분양받았다. 그때엔 입주자에게 선분양을 한 후 건설회사에서 아파트를 짓고 나중에 입주하는 방식이었다. 꿈에 그리던 아파트라 우리 부부는 건설 현장에 가 보고 또 가 보았다. 하지만 아파트가 다 지어져 내 이름으로 등기를 해 놓고도 새집으로 이사하지 못했다. 돈이 모자라 남에게 전세를 주었기 때문이다. 은행에서 융자를 받아 빚은 더 많아졌지만 그래도 기분은 좋았다. 2년 후에 가까스로 내 집으로 이사할 수 있었다. 그동안 아내도 직장을 잡았다. 유아원을 인수하여 치열하게 경영한 덕분에 집을 장만할 수 있었다. 결혼 후 10년 만의 일이었다.

집은 마련했으나 여전히 근근이 살아가는 형편이었다. 아이가 점차 성장하면서 학원비도 부담스러워 예체능을 제외하고는 직접 가르쳤다. 당시는 초등학교 학생들은 방학을 이용하여 외국으로 어학

연수를 가는 것이 유행이었다. 그 흔한 영어 어학연수를 한 번도 보내지 못했다. 어쩌면 양육비나 교육비의 부담을 줄였기 때문에 아파트를 쉽게 장만할 수 있는 이유가 되었을 것이다.

아내는 참으로 열심히 살았다. 아파트에 한 개의 빈방이 생기자 하숙생을 구해 하숙을 치기도 했다. 이렇게 치열하게 30년을 살아 내가 퇴직할 무렵에는 아파트보다 더 비싼 다가구 주택 하나를 소유하는 집주인이 될 수 있었다. 다가구 주택이라 해도 지방의 집값은 서울의 아파트값과 비교하면 아무것도 아니다. 그래도 경제적으로 보면 장족의 발전을 한 것이다.

우리는 이 주택의 4층에 주인 세대로 이사하여 살았다. 2, 3층의 원룸에 세 들어 사는 사람들을 보면서 나 또한 집이 없어 고생하던 때가 가끔씩 생각이 나곤 했다.

결혼 후 이러저러한 이유로 지금까지 아홉 번이나 이사를 다녔다. 악성 베토벤이 토로한 비참한 삶의 절규 이면에는 집을 비우라는 통고가 잦아 수십 번이나 이사를 했다고 한다. 그와 비교할 바는 아니지만 그래도 만만치 않은 삶의 여정이었다. 다만 우리 부부의 삶은 이솝 우화의 '개미와 베짱이'에서 개미의 자세로, '토끼와 거북이의 경주'에서 거북이의 자세로 살아왔다. 그렇게 살다 보니 경제적으로는 남에게 아쉬운 소리를 하지 않을 정도가 되었다.

"사람이 멀리 생각하지 못하면 큰일을 이루기 어렵다.(인무원려, 난성대업; 人無遠慮, 難成大業 : 안중근 의사 유묵)"했다. 또 "무릇 일을 예측하면 그 일은 (언젠가) 이뤄진다.(범사예즉립; 凡事豫則立 : 『중용』「제20장」)" 하였다. 집을 장만하기 위해서는 검소한 생활은 물론 벌어들인 돈을 합당하게 지혜를 발휘해 재투자를 잘해야 한다. 보증을 서거나 돈을 빌려주면 대부분 그 돈은 내 것이 아니다. 그러므로 돈 거래는 은행 이외에는 하지 않는 것이 제일 좋고 가장 현명하다.

힘겨운 일을 마다하지 않고 알뜰살뜰히 살아온 조강지처가 더없이 고마울 뿐이다. 우리 집의 작은 꽃밭에 소중히 가꿔놓은 왕성하게 피어난 여왕꽃, 나의 모란을 꺾어 아내에게 선사한다.

사랑합니다~ 어머니!

부모님이 모두 돌아가시고 15년을 살았다. 중간에 장인 어르신이 대장암으로 타계하시고 이제 직계 존속으로는 장모님 한 분만 살아 계신다. 아내가 혼자 계시는 장모님을 걱정하여 우리 집 근처로 모셔 온 지 10여 년이 흘렀다.

아내는 어머니를 정성껏 모시며 친한 친구처럼 살아가고 있다. 『사자소학』에 "혼필정욕, 신필성후(昏必定褥, 晨必省候)"라는 구절이 있다. 저녁에는 반드시 부모의 잠자리를 깔아 드리고, 새벽에 일어나 필히 밤새 안후를 묻는다는 의미다. 아내는 이 혼정신성昏定晨省의 마음으로 장모님을 섬기며 살아오고 있다. 교외로 운동을 하러 가거나 오솔길을 산책하러 갈 때도 장모님을 모시고 다닌다.

장모님은 1931년생으로 올해(2018년) 88세이다. 단점 없는 사람이 어디 있으랴만 장모님은 단점은 보이지 않고 장점만 갖고 계신다.

장모님은 3남 1녀의 자녀들에게 정성과 사랑을 베풀며 살아오셨다.

"내 아들이 예쁘면 내 며느리도 예쁘다." 하면서, 며느리의 뜻을 다 이해하고 받아주신다. 주는 정으로 끝나고 오는 정을 기대하지 않는다. 그래선지 장모님과 며느리 사이에 있을 법한 고부간의 갈등을 거의 한 번도 겪은 적이 없다. 장모님은 행여 며느리가 마음에 들지 않는 행동을 해도 밖으로 내색을 하지 않는다. 속이 깊으신 분이라 그만큼 온 가정이 단란하고 화목하다.

장모님은 생활에 긍정적이고 명랑하다. 특히 이야기하거나 전화를 주고받을 때 언제나 웃으면서 말하고 항상 싱글벙글하신다. 호감이 가는 스타일이다. 활달한 성격으로 친화력과 사교성이 좋아 이웃은 물론 처음 보는 사람들과도 곧잘 어울리며 가까이 지낸다. 장모님은 날마다 주변의 호반으로 나가 둘레를 돌고 산책하면서 건강을 챙기신다. 일요일에는 어김없이 교회에 가신다. 지금도 젊은 딸과 같은 신도들과 어울려 다니면서 구역 예배를 보러 다니고, 맛집을 찾아 식사도 하고 커피를 마시러 다니기도 한다.

일제강점기 말기에 장모님은 초등학교 문턱에도 가 보지 못했다. 학교는 고사하고 오히려 어린 나이에 부모를 도와 저녁 내내 밤잠을 자지 않고 공출할 벼를 절구통에 찧곤 했다고 한다. 식량이 없이 굶고 살았던 그 시기에, 장모님은 공출할 곡식을 내지 못해 이웃 사람들이 일인日人들에게 사정없이 채찍질을 당하던 장면을 목격했다. 그래서 일제에 대한 옛날의 적대 감정을 잊지 않고 계신 분이다.

역사와 문학과 철학을 공부하면서 내가 만난 숱한 선인들의 일생사에 대해 관심이 많았다. 나는 만약 한 사람의 생애에 운수가 있다면 '어느 시대에, 어떤 나라에, 어느 가정에 태어났는가'와 같은 천복天福이 있다고 생각해 왔다.

장모님이 초등학교 다닐 시기는 1938년 이후부터 해방이 될 때까지이다. 이 시기는 일제에 의해 국가총동원령이 내려지고 각종 인적, 물적 자원이 약탈되어가는 때였다. 태평양전쟁이 일어나 한국인도 일제에 의해 징병과 징용이 되었고 위안부가 동원되었다. 장모님의 오빠도 징용으로 끌려가 고생 끝에 해방이 되어 겨우 살아 돌아왔다고 한다. 가세가 기울고 시대 분위기에 편승하여 학교를 다니지 못한 장모님은 6·25전쟁 때 남편 될 사람의 얼굴도 모른 채 결혼하여 또다시 남편을 전쟁터에 보내야 하는 큰 슬픔을 겪었다. 그만큼 천운天運이 없는 시대에 태어나신 것이다.

그래도 장모님은 어린 시절을 회상할 때마다 양반집에서 태어나 양반교육을 받았다고 하면서 한 번씩 자랑하시곤 한다.

배움의 기회를 놓친 장모님은 이후로도 한글 교육을 받아본 적이 없다고 한다. 그런데도 성경책을 읽고 한글도 쓸 줄 아신다. 얼마 전 장모님이 복지회관의 요구에 편지글 쓰는 것을 보았다. 신기하게 생각되어 한글을 어떻게 알고 쓰고 있는가를 여쭈어 보았다. 대략 눈치로 한글을 터득했다고 한다. 예를 들어 집 주변에 '세탁소'가 있었다. 간판에 있는 '세'자와 '탁'자, '소'자를 보고 스스로 한 글자씩 형태를 보고 눈짐작으로 읽히고 알았다고 하셨다.

장모님은 하나밖에 없는 사위인 나를 평가하여 아들보다 허물이 없다고 하신다. 그런 이야기를 들을 때마다 겸연쩍어진 나는 우스갯소리로, "여기에 사위는 없고 아들만 있는데요."라는 말을 하기도 한다.

장모님은 아직도 아내를 가르치신다. 자식이 결혼하고 나면 남의 식구가 된다고 하면서, 이 세상에서 남편이 제일이다는 이야기를 딸에게 종종 말씀해 주신다. 또 외손자가 장가갈 나이가 되자 아들에게 준 사랑과 정을 반절 뚝 떼어 남편에게 해라는 가르침도 주신다. 마치 후한 시대 '거안제미擧案齊眉(밥상을 눈썹 높이로 들어 남편 앞에 가지고 감. 남편을 깍듯이 공경함)의 주인공 맹광孟光처럼 남편을 받들고, 부부가 건강하게 오순도순 살아가라는 충고다. 장모님은 그만큼 부덕婦德의 중요성을 강조하셨다.

그런데 요즘 장모님의 건강이 좋지 않다. 작년부터 힘이 없고 식사량이 줄었다. 그런 장모님의 모습을 볼 때마다 마음이 어두워진다.

지난겨울 장모님을 모시고 베트남 다낭을 여행하였다. 장모님은 인정이 많아 다른 사람과 헤어질 때 포옹하면서 상대방의 몸을 토닥거려 주는 습관이 있다. 장모님이 어떤 아주머니와 정이 들어 공항에서 헤어질 때 그 아주머니의 어깨를 토닥여 주고 있었다.

그런데 운 없게도 그 아주머니가 장모님을 넘어뜨려 장모님의 허리뼈가 골절되는 일이 발생하였다. 장모님은 전에도 허리 수술을 한

적이 있었다. 면역력이 약해진 장모님은 그 시기 치료를 받으면서 합병증으로 당뇨병에 걸려 힘들어하셨다. 그래서 장모님의 사고가 더욱 걱정되었다.

부랴부랴 동네의 정형외과에 입원했다. 장모님은 그 아주머니를 원망하지 않고 오히려 그 아주머니를 위해 기도하고 있다고 했다. 노인은 조금만 아파도 치료 기간이 길어진다. 장모님은 작은 병원에서 15일간 입원해 있다가 병세가 악화되었다. 인사불성이 되자 분초를 다투며 한밤중에 사설 구급차를 불러 가까스로 대학병원의 응급실로 옮겼다. 수술하고 15일간 치료를 받았다. 다시 작은 병원으로 옮겨 7일간 입원 치료를 받았다.

입원 기간이 길어지면서 생명의 위협과 통증을 느낀 장모님은 그 아주머니를 원망하고 있었다. 수술 후 워낙 통증이 심하여 그러신 것이다.

"아니, 지금 와서 그 아주머니를 원망하면 무슨 소용 있습니까? 일부러 그런 것도 아닌데……. 지나간 것들은 이왕이면 긍정적으로 좋게 생각하십시다."

장모님은 그 말을 듣고 아무 말씀도 하지 않으셨다.

장모님이 입원하고 있는 동안 아들과 며느리들이 난리법석을 떨었다. 멀리 사는 자식은 한두 번 병문안을 하고 가면 끝나지만 우리 부부는 장모님의 건강을 끝까지 챙겨야 한다.

장모님이 편찮으시면 아내의 건강도 함께 나빠진다. 그렇지 않아도 아내의 건강이 좋지 않아 하루하루를 겨우 버텨나가는 생활이라 아내마저 아플까, 심히 걱정되었다.

다행히 시간이 흘러가면서 장모님의 병세는 점차 회복되었다. 병원비는 500여만 원이 나왔다. 앞으로도 치료를 해야 하므로 얼마나 치료비가 들어갈지 모른다. 우리는 애당초 장모님을 넘어뜨린 아주머니에게 입원 사실조차 알리지 않았다.

퇴원 후에도 꼼짝하지 않고 누워만 있는 장모님이 안쓰러웠다. 정상적으로 몸을 움직이고 걸을 수 있다는 것만으로도 얼마나 다행스럽고 행복한 일인가, 절실히 느꼈다.

그런데 설상가상이라는 말이 있다. 장모님은 얼마 후 불행스럽게도 화장실에서 또다시 넘어지셨다. 코마 상태가 되어 다급하게 119 구급차를 불러 대학병원에 입원하였다. 금방이라도 운명하실 것 같아 몹시 놀랐다. 이번에는 수술한 위쪽 허리뼈가 부러져 같은 수술과 치료를 받았다. 똑같은 투병 생활과 우리 부부의 병간호가 이어졌다. 면역력이 떨어진 장모님은 대상포진에 걸려 더욱 힘들어하셨다.

나이가 들어 넘어지면 통원 치료와 입원과 퇴원을 반복하다 그 길로 몸이 쇠약해지고 만다. 장모님의 모습이 미래의 우리 모습을 보는 것 같다. 장모님은 지금 용케 병환을 극복하고 퇴원하여 집에서 요양 중이다. 우리 부부는 '불행 중 다행이다'는 말로 위안을 삼았다. 한동안의 평지풍파가 지나가고 오랜만에 집안이 편안해졌다.

지리산 구례에서 산수유축제를 한다기에 등산 모임을 그곳으로 정했다. 축제장에 사람이 많아 우리 일행은 입구 쪽에 주차하고 위쪽 반석마을까지 걸어 올라갔다. 산수유꽃의 아름다움에 취해 맘껏 사진을 찍었다.

내려오는 길에 사람들이 웅성거리고 있는 곳에서 각설이를 하고 있었다. 호기심이 생겨 비집고 들어가 잠시 구경하였다. 우스꽝스러운 거지 모습을 한 남자 각설이가 이리저리 왔다 갔다 하면서 거침없이 말을 풀어내고 있었다.

"내가 이렇게 추하게 생활하고 있어도 밥 세 끼는 먹고 살아가고 있다. 다른 것은 몰라도 두 다리는 성성하여 내가 이곳으로 가고 싶으면 이리 가고, 저리 가고 싶으면 저리 갈 수 있다. 하지만 우리나라에서 돈을 가장 많이 가지고 있는 기업가도, 최고 권력에 오른 대통령도 움직이지 못한다면 무슨 의미가 있겠는가. 나는 걸을 수 있는 두 다리가 있기 때문에 그런 사람들보다 내가 더 행복하다."

모질게 살아가고 있는 듯한 각설이의 이 말에 공감이 갔다. 각설이는 돈이 인생의 전부가 아니라고 하면서, 걸을 수 있고 움직일 수 있는 건강한 자기가 아파서 움직이지 못하고 있는 돈 많은 제일 부자나 권력자보다 훨씬 더 행복하다는 주장이었다.

'기본 욕구가 충족되면 소득이 증가해도 행복은 더이상 증가하지 않는다.'는 이스털린의 역설처럼, 부가 쌓이고 권력이 커져도 그만큼 비례하여 행복해지지는 않는다. 그런데도 사람들은 더 많은 부와 권력만을 원하고 있다.

구경 후, 일행과 보조를 맞춰야 했기 때문에 총총걸음으로 일행을 따라잡아야 했다. 하지만 각설이의 말이 귓가에 맴돌았다. 점심을 먹으면서 각설이의 풍월을 일행에게 말했더니 모두가 이구동성으로 '건강이 최고'라고 긍정했다. 아무리 부자인 기업가나 권세가라 한들 걷지 못하고 식물인간으로 살아가고 있다면 돈과 권력이 그에게 무슨 소용이 있을 것인가!

그렇다! 죽음을 눈앞에 두고 삶의 끝자락에 서면 무엇이 중요할 것인가? 모두가 무용지물일 뿐이다. 다만 지금 이 순간, 아니 날마다 살아갈 날이 많지 않으신 연로하신 장모님을 위해 내가 간절히 기도하는 것이 있다.

"하나님, 치매가 시작되고 있는 우리 어머님께 플라시보 효과(Placebo effect)의 긍정적인 힘을 주시옵소서. 언젠가 어머님이 하늘나라로 떠나가실 때 고종명考終命의 죽음복을 내려 주시옵소서. 아멘……."

생명에의 외경

옥정호玉井湖는 섬진강과 동진강 상류 지역에 있는 호수로, 도시와는 다소 거리가 먼 지역이다. 하지만 정읍과 임실에 걸쳐 있어 나에게는 고향과도 같은 곳이다.

이 호숫가의 하운암 산마루에 조각 땅을 사서 조립식 건물 하나를 갖다 놓고, '매전산방梅田山房'이라 이름을 붙인 지도 여러 해 되었다. 은퇴하고 싶은 마음에 영수(潁水; 허유許由가 은둔하기 위해 기산 영수에서 귀를 씻었음)가에 숨어 여생을 보내고 싶은 꿈을 이루기 위해서였다.

이곳 '가는정 삼거리'는 산골짝 군데군데 10여 가구가 형성된 마을이다. 묵방산과 나래산의 산세와 구불구불한 호숫가의 길 따라, 철 따라 산꽃이 피어나 드라이브 코스로도 이름이 나 있다. 또 범어리로 가는 지역은 원래 사철 청호우기(晴好雨奇; 갠 날도 좋고 비 오는 날도 기이함)한 도화동(이상향)과도 같은 곳이다.(원래 첩첩산골로 막혀 접근하기 어려웠으나 지금은 산내로 가는 길이 뚫려 있다) 햇살을 받아 자라섬의 출렁거리는 은빛 물결도 좋고 이내가 있는 풍경도 볼 수 있다. 겨울에는 설한풍에 설해목이 여기저기 꺾이어 있고 백화白花 호수 같은 은설銀雪도 가관이다.

우리 집 건너편은 이씨 문중 땅이다. 내가 이곳에 왔을 때 산모롱이 이 문중 땅에 할아버지, 할머니 부부가 농막을 짓고, 인근의 산비탈을 일궈 밭작물을 기르며 근근이 살아가고 있었다. 농막 옆으로는 예전에 식당을 했다는 빈집도 있다. 그 마당 앞으로 할아버지가 심었다는 대여섯 그루의 느티나무가 높이 자랐다.

여름철에는 그 나무 아래로 녹음이 짙게 드리워져 평상을 놓아두고 휴식을 취하는 공간으로 삼았다. 인심 좋은 할머니의 마당에는 그네까지 매어 놓아 오가는 길손들도 한참씩 쉬어가면서 담소할 수 있는 놀이터가 되었다. 새들도 녹음 사이로 지저귀는 보금자리였다.

할머니는 젊은 시절부터 불교를 신봉하여 기도발이 있다는 전국의 명찰名刹을 찾아다니는, 신앙심이 깊은 불교 신자다. 예전에는 멀리 대구 팔공산에 있는 동화사 '갓바위'로 가 불공을 자주 드렸다고 한다. 할머니는 자비심이 남달라 집 주변에 살아가는 온갖 날짐승과 산 고양이들에게 하루 한 번씩 아침먹이를 주면서 생활해 왔다. 산속의 동물을 보호하고 상생한다는 마음으로 생명의 고귀함을 함께 나누고 있었다.

시간이 흘러 할머니 집 주변의 고양이는 숫자가 점점 늘어나 20여 마리가 되었다. 고양이뿐만 아니라 숲속의 새 수십 마리가 할머니가 주는 아침밥을 먹으러 모여들었다. 우연히 산짐승들의 먹이 먹는 장면을 몇 차례 목격하였다. 새들이 파닥거리며 밥 먹는 모습은 가히 장관이었다. TV의 '동물농장' 같은 프로그램에 소개하여 세상 사람들과 공유하여 볼 만한 광경이 연출되곤 하였다.

한편, 90여 세나 된 이 할머니가 언제까지나 산짐승들에게 먹이를 주면서 살아갈 수 있을까? 은근히 걱정되었다. 자급하지 않고 사람이 주는 먹이에 타성이 붙은 산짐승은 언젠가 할머니가 없을 때 활동력을 잃고 오히려 살아가기 힘들게 될 거라는 생각이 들었다.

그러던 어느 날, 고양이의 숫자가 현저히 줄어들어 있었다. 그 이유를 물으니, 집 아래 양식장 주인이 고양이가 양식장의 고기를 잡아먹는다는 이유로 약을 놓아 죽였다고 한다. 그런데도 할머니는 남은 몇 마리의 고양이들에게 여전히 밥을 주고 있었다.

어느덧 가을이 왔다. 그 사이 할머니가 살고 있는 문중 땅이 개인에게 팔려 살 곳을 잃은 노부부는 어디론가 다른 곳으로 이사를 가야 했다. 자식이 없는 노부부의 걱정은 이만저만 큰 것이 아니었다. 생각다 못해 우리는 이 노부부가 살아갈 만한 빈집을 찾아주기 위해 몇 달 동안 이 마을 저 마을로 돌아다녔다.

심란하기 짝이 없는 허름한 어떤 빈집의 주인을 찾아갔다. 그 집에 할머니 부부가 들어가 살 수 있도록 사정 이야기를 하였다. 우리 부부가 보증을 서고 각서도 써 주어 주인의 허락을 받았다. 손재주가 좋은 할아버지는 수도와 화장실을 고치고 보일러를 놓는 등 혼자서 부지런히 낡은 집을 수리했다. 그 사이 할머니는 김장을 했다. 때아닌 겨울비가 오는 날, 할머니는 이사 가면서도 산짐승들의 먹이를 걱정하고 있었다.

앞집은 새 주인이 빈집을 수리하여 이사 왔다. 자연히 고양이와 새들의 수난이 시작되었다. 봄이 되자 새 주인은 강아지 2마리를 가져다 놓았다. 이 귀여운 강아지들은 우리가 옥정호에 갈 때마다 길 건너 우리 농막까지 달려와 꼬리를 치면서 반가워했다. 자라면서 천방지축으로 나돌아다녔고, 촐랑거리며 신발을 물어다 아무 데나 버리는 말썽을 피우기도 하였다.

어쩌다가 우리는 달포나 옥정호에 가지 못했다. 강아지가 보이지 않았다. 아내는 강아지가 어떻게 되었는지 궁금하여 새 주인에게 물어보았단다. 사연은 이러했다.

앞집 느티나무 위로 때까치들이 둥지를 틀고 살면서 새끼를 낳았다. 어찌하다 새끼 한 마리가 땅으로 떨어져 죽었다. 강아지들은 죽은 새끼를 물고 이리저리 장난을 치면서 돌아다녔다. 그것을 지켜본 어미 새가 수십 마리의 동료 새들을 몰고 와 강아지를 에워싸고 일제히 쪼아대었다. 강아지 한 마리의 상처가 심해 동물병원으로 데려갔지만 죽고 말았다. 남은 강아지도 그렇게 앓다 죽었다 한다.

아내는 강아지 주인에게 이런 사정 이야기를 듣고, 의아하게 생각해 들은 얘기를 나에게 전해 주었다. 생각해 보니, 할머니가 모이를 주지 않자 저 새들도 살아가기 힘들었을 것이고, 더구나 새끼가 죽어 무척 슬펐을 것이다. 새들도 감정의 동물이긴 마찬가지다. 어미새는 죽은 새끼를 물고 이리저리 돌아다니며 장난을 치고 있는 강아지의 행동에 화가 나 강아지를 공격하였을 것이다.

유난히도 크게 잘 만들어진 개집만 덩그러니 남아 있었다.

언젠가 아내와 함께 다니는 산책길에서 줄지어 가고 있는 개미 떼를 보았다. 아내는 평소 집단생활을 하는 개미에 대하여 호기심이 많았다. 신기하게 생각해 개미들을 한참씩 들여다보곤 하였다.

그런데 한 번은 누군가 그 개미 떼들을 잔인하게 짓이겨 놓았다. 그것을 본 아내는 죄 없는 개미들을 죽였다고 하면서 언성을 높이기도 했다. 그런 아내가 강아지에 대한 새들의 행동을 보고 난 이후로, 하루살이와 같은 미물도 경외롭게 생각하고 소중하다고 말하고 있다. 아내가 불살생계不殺生戒의 참의미를 안 것이다. '영생을 꿈꾸며 죽어 부활해 천국에 가지 못할까'를 걱정하고 있는 아내에게 측은지심이 생겨 그만큼 천당에 갈 확률이 높아졌다.

하늘과 땅 사이에 살아 있는 생명은 무차無遮 평등하고 존귀하다. 꽃 속에도 천국이 있고, 돌멩이나 모래 한 톨에도 그들의 품격과 세계가 있다고 한다. 그러므로 자연은 귀한 것을 만들어 놓지 않는 것이 없다.

생물은 물론 무생물과도 상생할 수 있는 삶의 가치와 효용은 무엇인가? 일곱 색깔 무지개가 조화를 이뤄 아름답듯이, 인간이 자연의 일부라면 자연에 순응하고 공감하는 것만이 상생의 길이다. 나 또한 풀 한 포기 나무 하나라도 함부로 하지 않고, '숲속의 동물들과 함께 하며 대자비大慈悲(중생을 사랑하고 불쌍히 여기는 마음)의 마음으로, 경물敬物(최시형이 제시한 천도교의 삼경三敬 사상의 하나. 만물공경을 의미함)의 자세로 살아가야지.'라고 혼자 속으로 다짐하였다.

그러고 나서 내가 번역한 황현의 '비 갠 후 멋대로 읊다'의 「제후산음霽後散吟」 시 한 편을 읊조려 보았다.

향기로운 풀 겨우 돋아나 녹음 이루지 못했는데
(방초재생록미성 芳草纔生綠未成)
살구꽃은 온 나무에 맑고 밝게 피었어라
(행화전수발청명 杏花全樹發淸明)
비 개인 햇살 끝없이 정원 안으로 비추고
(청양무한장원내 晴陽無限墻園內)
봄날에 각기 울어대는 크고 작은 새소리여
(소대춘금각자성 小大春禽各自聲)

살구꽃이 활짝 피어 있는 산촌의 즉경卽景(눈앞의 광경)을 읊어 놓았다. 행화춘풍杏花春風의 풍광을 보고 있는 듯한 시중유화詩中有畵(시 속에 그림이 있음)의 모습이 청일淸逸하다.

간밤에 내린 봄비에 산새 소리 물새 소리 경쾌히 들려오는 아침나절이다. 눈 부신 햇살이 유난히도 맑다. 숙기淑氣에 끌려 기수汽水가로 나 있는 숲길을 따라 풍호무우風乎舞雩하면서 거닐어 본다.•

이 호숫가 계곡에는 족제비, 오소리, 담비 등등이 살아가고 있다. 이들 산속의 동물 모두가 사랑하는 나의 가족이다.

거기에는 또 노송老松 몇 그루가 맑은 솔바람 소리를 내며 언제나 그 자리에 서서 말없이 나를 반겨 주고 있다. 오랜 풍상을 견디면서 억세게 살아온 푸른 소나무다. 이들 늙은 솔은 청령포의 관음송이나 지리산의 천년송처럼 이름이 없다. 찾아오는 사람 없어 산속에 은자처럼 살아가는 나의 분신과도 같은 소나무다. 나보다도 더 오래 살아갈 이 아름드리 소나무를 끌어안고 포옹해보며, 오늘도 생명의 경외감에 대하여 깊이 숙고해 본다.

• "욕기영귀浴沂詠歸(기수에서 목욕을 한 후, 무우에서 바람을 쐬고 홍얼거리면서 돌아옴.) :『논어』「선진」/ 진기환 역주,『공자성적도孔子聖蹟圖』)

뇌하수체 종양 수술

10여 년 전에 있었던 일이다. 어느 날 갑자기 몸을 가누지 못하고 하늘이 노랗게 보였다. 병원에서 각종 검사를 해 보았으나 아무런 이상이 없었다. 의심스러워 MRI를 찍어본 결과 '뇌하수체 종양'으로 판명되었다.

뇌하수체는 인체의 호르몬 분비를 조절하는 내분비 기관으로 두개골 한가운데 있는 장기이다. 완두콩 정도의 크기로 무게는 0.5 그램 정도라 한다. 뇌하수체 전엽에 이상이 생기면 호르몬(성장호르몬, 부신피질호르몬, 갑상선호르몬, 황체화호르몬, 여포자극호르몬 등) 분비가 균형을 잃어 각종 질병이 발생한다. 또 그곳에 생긴 종양(선종)이 커지면 시신경을 자극하여 시야가 흐려지고 실명할 수 있어 안과 검사에서 발견되는 병이기도 하다.

'뇌하수체 종양'이란 병명은 생전에 들어보지 못한 희귀병이었다.

처음에는 악성 뇌종양인 줄 알고 죽을병으로 생각되어 하늘이 캄캄했다. 죽을병에 걸린 환자의 심정을 누가 이해하고 알아주겠는가? 오직 환자 본인만 답답하고 서러울 뿐이다. 아직 해야 할 일이 많은데 이렇게 허무하게 죽어가야 하다니, 생각하면서 인명재천人命在天을 탓하고 건강 관리를 제대로 하지 못한 점을 심히 후회하였다. 뇌하수체 종양 제거수술을 앞두고 그래도 '아직 젊으니까' 잘 이겨낼 수 있으리라 생각하면서 희망을 갖고 싶었다.

희소병이라 서울에 있는 한 대학병원으로 옮겨 정밀진단을 받고 수술 날짜를 잡았다. 호르몬과 관련된 내분비내과의 각종 검사가 있었다. 안과는 물론 두개골 내부는 귀, 코, 목과 관련 있어 이비인후과의 정밀검사를 받았다. 전신을 마취하고 이비인후과의 협조를 받아 콧속 안쪽 점막을 절개하여 두개골을 열고, 신경외과에서 뇌하수체에 있는 선종을 제거한 뒤 접합하는 수술을 받았다.

수술 당일 아침 7시경, 나를 병상에 눕혀 수술실로 데려갔다. 병명이 악성 뇌종양으로 생각되어 도살장으로 죽으러 들어가는 기분이 들었다. 악성 종양의 병을 아내가 숨기고 있다고 생각하고 있었다. 종교 관련 병원이라 한 간호사가 '환자가 수술이 잘 되어 건강을 회복하게 해 달라.' 기도해 주었다. 그 기도가 구세주처럼 정신적으로 많은 위안을 주었다. 나 또한 수술이 잘 되어 꼭 살게 해 달라고 마음속으로 나의 주님, 나의 다이몬(Daimon; 소크라테스가 들었던 양심의 소리로 인간 생활에 영향을 미치는 초자연적인 힘)에게 간절히 기도했다.

건강을 회복하겠다는 굳은 일념으로 '나무아미타불'까지 외면서 나도 모르게 잠이 들었다. 마취제를 맞고 수면 상태에 든 것이다. 지금 생각해 보면 이런 방식으로 깨어나지 않고 죽을 수 있다면 오히려 행복한 죽음이 될 것도 같다는 생각이 들었다. 죽음은 잠자는 것과 같다고 했던가. 다만 깨지 않는 잠일 뿐이다. 적극적 안락사나 조력 자살이 나에게 퍽 공감이 가는 것도 그런 이유일 것이다. 그래서 쇼펜하우어는 "죽음은 항상 행복하다."라고 말한 것일 게다.

오후 3~4시경이나 되었을 것이다. 비몽사몽 간에 잠에서 깨어났다. 어디인가, 주변을 둘러보니 병원이다. 그제서야 종양 수술을 받았다는 사실을 알았다. 긴 잠에서 깨어나 서서히 기억이 돌아오면서 통증이 밀려오기 시작했다. 마취가 풀린 모양이다. 사방의 병실은 나와 같은 사람들로 꽉 차 있었다. 다른 환자들의 신음 소리가 들려왔다. 나도 견딜 수 없이 아파서 신음이 새어 나왔다.

'내가 왜 이런 곳에 와 고통을 당하고 있는가'를 생각하고 있으려니 한심스럽기 짝이 없다. 자신을 원망하기 시작했다. 통증이 심해 통증 완화 주사를 놓아달라고 몇 번이나 간호사에게 청했지만 이제나 저제나 반응이 없었다. 아예 들은 체도 하지 않았다. '마취상태로 깨어나지 않고 그대로 죽어 버렸으면 좋았을걸' 하는 생각이 들었다.

팔 수술을 한 적이 있는 무뚝뚝한 아들 말이 생각났다.

"아버지, 수술 후 아프지만 참고 견디셔야 해요."

그 말이 명언이다. 참다못해 주삿바늘을 뽑고 중환자실을 뛰쳐나가 버리고 싶었다. 중환자실은 그냥 일반병실이 아니라는 말이 실감이 났다. 말 그대로 죽느냐, 사느냐를 판가름 짓는 곳이 중환자실이다.

아마도 그렇게 시간 반이나 흘러가고 있었다. 그러다가 나 때문에 고생하고 있는 아내가 문득 생각났다. 아내는 결혼 후 줄곧 나와 함께 생활하면서 자식을 낳고, 언제나 내 곁을 지켜준 사람이다. 부모가 돌아가신 후로는 형제보다 더 소중한 사람이다.

중환자실 밖에서 나를 기다리고 있는 아내를 위해서라도 아픔을 이겨내고 꼭 살아 나가고 싶었다. 마음을 다지며 지나간 일들 가운데 좋은 것만 생각하였다. 눈감고 집중력을 모아 애송하고 있는『당시 삼백수(唐詩 三百首)』에 나와 있는 시들을 외워보았다. 내가 번역한 매천 황현의 한시漢詩도 읊어 보았다. 잘 생각나지 않는 시구나 글자를 골똘히 생각하면서 조합하고 맞춰 가며 집중력을 모았다.

어느새 통증은 거짓말처럼 사라지고 시간은 금방 잘도 갔다. 수술한 후 통증을 이겨내는 방법은 하고 싶은 것, 좋은 추억과 경험, 희망찬 미래를 생각하면서 집중력을 모으는 것이 제일 좋다는 것을 알았다.

뇌하수체 종양 수술을 받는 과정에서 환자의 고통은 말할 것도 없거니와 퇴원하여 치료를 받는 동안 많은 시간과 진료비가 들어갔다. 1개월, 3개월, 6개월 단위로 병원을 다니다가 지금은 1년에 한 차례씩 내분비내과와 신경외과로 가서 검진을 하고, 관찰하고 있다. 내

분비내과의 약은 몇 년 전부터 먹지 않고 있다.

수치스럽게도 목숨을 담보한 수술과 치료를 받고 난 후 평범하면서도 간과하기 쉬운 소중한 교훈 몇 가지를 배웠다.

환자는 인체의 내부와 순환구조를 아는 것이 좋다. 또 걸린 병의 원인과 수술과정과 치료 방법을 알고, 처방된 약을 잘 복용해야 한다. 긍정적인 마음을 갖고 적극적으로 진료를 받아야 한다. 무엇보다 환자가 되어 '죽느냐, 사느냐'의 문제에 직면하기에 앞서 예방만이 최선의 치료방법이다. 뉴질랜드나 캐나다 등 세계 복지국가에서 예방에 힘쓰는 이유를 알 수 있을 것 같았다. 상식적인 건강관리 외에도 건강검진 잘하는 것이 장수의 비결이라고 한다.

이 의자를 비워드리지요

35년간 근무한 정든 직장을 떠나왔다. 그동안 역사 교과를 중심으로 때로는 한문이나 윤리와 사상과 같은 과목을 가르쳤다. 맨 처음 중학교에서 3년간 근무한 다음 사립고등학교로 자리를 옮겨 한 학교에서 32년간이나 근무하고 명예퇴직하였다.

일찍이 시인 조병화는 「의자」라는 시에서, "지금 어드메쯤/ 아침을 몰고 오는 분이 계시옵니다./ 그분을 위하여/ 묵은 이 의자를 비워드리지요."라 써 놓았다.

고등학교 교과서에 소개된 시지만 당시의 나에게는 그리 크게 공감되지 않았다. 하지만 한 세대의 시간이 흘러간 다음, 나의 의자를 후배들에게 물려줄 때가 되어 문득 이 시가 생각났다. 자연스럽게 세대 교체가 이뤄진다는 사실을 알았다. "공을 이루었으면 몸은 물러나야 하는 것이 하늘의 도(공수신퇴 천지도, 功遂身退 天之道 : 『노자』「제9장」)"인 것을 비로소 깨닫게 된 것이다.

퇴직을 준비하면서 '내가 앉았던 자리는 어떤 의자였을까?', 생각해 보았다. 여기에서의 의자는 객관적인 사회적 위치를 의미하는 것으로, 내가 차지한 의자는 교장도 아니요, 장학사나 교육감도 아닌 그저 평범한 평교사의 의자에 불과했다. 고관대작의 의자에 비하면 그만큼 가치가 없는, 항상 윗사람들로부터 갑질이나 당하는 미관말직과도 같은 보잘것없는 의자였다. 나의 위치는 권력도 사회적 명성도 없는 더 낮은 곳에 있었던 것이다. 내세울 것 없는 나를 위해 교훈으로 삼을 만한 글이 있었다.

> 자리가 없는 것을 걱정하지 말고, 설 곳을 근심하라. 자기를 알아주지 않는다고 하여 근심하지 말고, 알아줄 만한 사람이 되기를 원해야 한다.
>
> (불환무위, 환소이립. 불환막기지, 구위가지야.; 不患無位, 患所以立. 不患莫己知, 求爲可知也. : 『논어』「이인편」)

혈기 왕성한 그 시절에는 자리가 없음을 걱정하였고, 남이 나를 알아주지 않는다 하여 마음속의 불만도 있었다. 그런데도 어떻게 하면 나를 알아줄 만한 사람이 될 수 있을까를 생각하지 않고, 현실에만 안주하고 있었던 것이다.

본래 나의 천성은 우직하고 책임감이 강해 기교나 술수를 부리지 못하고 살아왔다. 게다가 윗사람에게 아첨하지 못하는 성격이다. 오직 내 분수를 지키면서 말단의 자리에 앉아 최선을 다해 학생을 가르쳤다. 작은 기관장도 아닌 그래서 치장도 없는 삐걱거리는 의자에 앉아 마음을 달래면서 충실하게 살아온 것이다.

동서고금의 역사서를 보면 의자 싸움은 치열하게 전개된다. 분수에 넘치는 의자는 수명을 재촉할 뿐이다. 지체 높은 의자를 차지하려다 패가망신해 죽은 사람들은 무수히 많다.

고려 때는 무인들이 정권을 농단하여 100여 년간이나 자리다툼을 하였고, 조선 시대에도 수백 년간이나 계속된, 그래서 폐해가 큰 붕당 싸움도 맨 처음 이조 전랑(조선시대 이조의 정5품 정랑과 정6품의 좌랑을 합쳐 부른 말)의 관직 다툼에서 시작되었다.

우리 역사의 굵직한 사건들을 생각하면서 퇴직을 준비하는 동안 만감이 교차하였다. 보이지 않는 굴레와 조직에서 벗어나 자유롭게 살아갈 수 있다는 생각만으로도 훨훨 날아갈 것만 같았다. '퇴직한 후 시간을 잘 보낼 수 있을까?', 하는 불안한 마음도 없지 않았다.

반면에 내가 알고 있는 지식을 더이상 써먹을 기회가 없다고 느꼈을 때 무척이나 슬펐다. 평생 교직생활을 하면서 '어떻게 하면 학생들에게 질 높은 수업을 할 수 있을까'를 고민해 왔다. 대학수학능력시험과 관련하여 학생들의 지식을 늘려 주기 위해 많은 책을 읽고 연구하면서 노력해 온 것이 생각났기 때문이다.

그렇다고 수능 점수가 잘 나올 수 있도록 학생을 가르치는 것만이

유능한 교사라고 생각하지 않았다. 학교는 진학을 위한 지식만을 가르치는 곳이 아니기 때문이다. 유능한 교사는 학생에게 사랑을 베풀어 줄 수 있는 고운 인성이 있어야 한다. 그다음 지적인 능력을 갖추고, 교과 내용을 쉽게 흥미롭게 가르쳐야 한다. 리더십을 발휘해 학생과 소통하면서 삶의 지혜와 창의적인 사고를 길러줄 수 있어야 한다.

좋은 교사가 되기 위한 이런 조건을 두루 갖추려고 부단히 노력했다. 실력 있는 괜찮은 교사가 되어보려고 했으나 안타깝게도 시간이 흘러가면서 한국사나 세계사 과목에 학생의 관심도는 없었다. 가령 조선 후기 연암 박지원과 다산 정약용의 실학사상과 관련하여 대학 교재는 물론 논문까지도 섭렵한 다음, 아무리 함축적으로 가르쳐줘도 학생들은 들으려고 하지 않았다. 그 이유는 한국사가 이과에서 수능시험에서 배제되었고, 그나마 문과에서조차 사회과의 한 과목으로 전락 되어 세계사와 함께 선택과목이 되어버렸기 때문이다.•

거문고의 명인 '백아伯牙'가 거문고를 연주하면 '종자기鍾子期'가 그 실력을 인정해 주었다는 '지음知音'이란 고사가 있다. 종자기가 죽자 백아는 자기의 연주실력을 알아주는 사람이 없어 '절현絶絃'했듯이, 듣지 않으려는 학생들에게 좋은 강의가 무슨 소용이 있단 말인가?

세계화 시대에 어느 누가 자기 나라의 언어와 역사를 모르고 세계화를 할 수 있으며, 어느 누가 세계 각국의 역사를 모르고 세계화에 대처할 수 있단 말인가? 너무나 어처구니없는 한심스러운 교육부의 정책이었다.

잘못된 교육의 행정적 획일성은 국가의 장래를 망치고 국민을 불행하게 만들 뿐이다. 비행기의 속도는 갈수록 빨라지고 지구촌은 점점 좁아지고 있다. 그럴수록 학생들은 조금이라도 세계사를 알고 세계 사회에 진출해 가야 한다. 한국사도 소홀히 하는 마당에 세계사는 더욱 인기가 없고 학생들 사이에 거의 선택하지 않는 교과목이 되어버렸다.

역사과 교사의 권위가 떨어져 한동안 정신적으로 힘이 들었다. 게다가 교권마저 추락되어 교사로서의 긍지와 자부심도 가질 수 없었다. 학교폭력이나 안전사고는 물론 심지어 가출한 학생의 책임을 순전히 담임에게 전가하여 나의 경우도 '절현絶絃'해야 할 것인가를 심각하게 고민하였다. 퇴직하고 나면 교육부의 정책이 거꾸로 간다 해도 자존심이 상할 만한 현상들이 당장 눈앞에 보이지 않아 국가의 정책을 개탄할 필요가 없을 것 같았다. 퇴직하는 것이 오히려 마음이 후련할 것 같아 퇴직을 결정하였다.

조선조 후기에 유하柳下 홍세태(洪世泰, 1653~1725)는 니오베의 눈물처럼•• 평생을 불우하게 살아간 시인이었다. 그의 「염곡칠가鹽谷七歌」의 시가 퇴직을 앞둔 나를 대변하고 있는 듯하였다.

일만 권 책을 읽은들 무슨 소용 있겠는가

(독서만권하소용 讀書萬卷何所用)

늙고 나자 웅대한 포부도 풀숲에 던져버렸네

(지모웅도락초망 遲暮雄圖落草莽)

누가 천리마에게 소금 수레나 끌게 했는가

(수교기기복염거 誰教騏驥伏鹽車)

태항산 높아 올라갈 수 없네

(태항산고불가상 太行山高不可上)

(허경진, 『유하 홍세태 시선』, 평민사)

양반계급의 위세와 제도 때문에 뜻을 펴지 못하고 살아간 조선 후기의 제일 지식인이자 중인 출신 홍세태의 푸념이다. 조선조 계급사회에서 중인은 평민보다 우대를 받았지만 능력이 있다 해도 제대로 평가받지 못했다. 신분의 한계를 의미하는 태항산을 넘어 올라가지 못하고 있는 시인 자신을 한탄하고 있는 시다.

"겨우 몇 자 되는 어린 대나무(눈죽재수척 嫩竹纔數尺)/ 구름을 타고 날아오를 능운의 뜻 지녔네(이함능운의 已含凌雲意 : 홍세태, 「어린 대나무(嫩竹)」)"와 같은 기상은 나에게도 있었다. 그런데도 청운의 꿈을 펴보지 못하고, 보이지 않는 제도의 틀 속에서 숨 막히도록 살아온 나 자신이 홍세태의 처지나 다를 것이 없었다.

독서와 관련하여 당나라 시인 두보는 「위좌승에게 드리다(奉贈韋左丞丈)」는 시에서, "읽은 책이 만 권이 넘고(독서파만권 讀書破萬卷)/

붓을 들면 신들린 듯하였네(하필여유신 下筆如有神)"라고 자신을 소개하였다.

책이 귀한 당시에 두보는 읽은 책이 만여 권이 넘고, 글을 쓰면 신들린 듯이 썼다고 하였다. 하지만 두보 또한 뜻을 펴지 못하고 불운한 삶을 살았다. 또 송나라 시인 소동파도 그가 쓴 시「유 씨의 두 생질이 필적을 요구하다(柳氏二外甥求筆跡)」에서, "닳은 붓이 산처럼 쌓여 있어도 족히 보배가 아니요(퇴필여산미족진 退筆如山未足珍)/만 권의 책을 읽어야 비로소 신명이 통한다네(독서만권시통신 讀書萬卷始通神)"라 읊었다.

소동파는 이 시에서 닳은 붓의 숫자보다 '안광眼光이 지배紙背를 철徹하는' 독서의 중요성을 역설하였다. 또 만 권을 읽어야 신명이 통할 수 있는 '신인神人'이나 '대명인大明人'이 될 수 있다 하였다.

위의 홍세태나 두보, 소동파의 시에서처럼 설령 만 권의 책을 읽어 지식이 많고, 아무리 승풍파랑乘風破浪의 포부와 능력이 있다고 해도 퇴직하고 나면 그것이 나에게 무슨 소용이 있을 것인가? 뜻을 펴지 못하고 살아온 나를 생각하는 동안 젊은 시절에 읽은 한유韓愈의 「마설馬說」이 명문으로 떠올랐다.

> 세상에는 백락이 있은 연후에 천리마가 있는 것이다. 천리마는 항상 있으나 백락은 항상 있는 것은 아니다. 그러므로 비록 명마가 있다고 해도 단지 노예의 손에서 모욕을 당하다가 마굿간 구석에서 뒤

섞여 함께 죽고 말아 천리마로 불리지 못하는 것이다.(황견, 『고문 진보 후집』)

예로부터 백락의 안목이 없어 한혈마汗血馬와 같은 명마名馬가 평생 소금 수레나 끌다 수없이 죽기도 했을 것이다. 그렇게 죽어간 천리마처럼 정작 나 자신도 윗글에 나오는 천리마나 다름이 없었다.

'어렸을 때 꿈속에서는 왕의 의자라도 부족했는데.' 이런 생각을 하면서 이제 하찮은 의자마저 포기해야 할 지경에 이르러 슬프기 한량없었다. 붕새가 날지 못하고 새장 속에 갇혀 죽고 마는 것처럼, 나 자신이 영영 역사의 뒤안길로 허무하게 사라져 버리고 말 것이라는 생각이 들자 한동안 말똥말똥 잠도 오지 않았다.

곰곰 생각해 보면 교직생활을 하는 동안 근근이 먹고 살아왔다. 선뜻 자랑스럽게 내세울 것은 없지만 그래도 나에게는 긍정적인 점들이 있었다. 명리名利를 추구하지 않고, 오직 교사적인 양심을 가지고 학생을 사랑으로 이끌고 지도해 온 것만큼은 틀림없었기 때문이다. 다행스럽게도 국가와 이웃에 큰 폐를 끼치지 않고 살아왔다는 생각이 들자 그래도 조금은 위로가 되고 마음이 편해졌다.

권좌權座에 있다가 퇴직하고 나면 그것같이 허망한 것이 없다고 한다. 부귀가 극에 이르렀다가 권세를 잃어 울화로 죽은 '양후穰侯 위염魏冉'이나••• '석숭石崇'이 부를 다투다가 멸족당하는 것처럼,•••• 죽어가면서 쓸쓸함만 남는 것이 덧없는 인생일 뿐이다.

어느 친구도 권좌에 있다가 퇴직한 후 아무도 대우해주지 않자 은퇴 증후군의 정신질환을 앓고 있다. 명예와 이익을 추구하다 생명이 위태롭다면 그것처럼 큰 손해는 없을 것이다. 내가 앉은 의자는 책임져야 할 의자가 아니라서 편했고, 큰 병病도 없어 다행스럽다.

『불경佛經』의 「잡보장경雜寶藏經」에 '칠보시七布施'가 있다. 그 가운데 여섯 번째가 '상좌시床座施'다. 이것은 자기가 차지하고 있는 위치나 지위를 다른 사람에게 넘겨주거나 양보하는 것을 의미한다. 노약자에게 자리를 양보하는 것도 상좌시 가운데 하나이다. 내가 한평생 차지한 의자는 이 세상에서 잠시 머무는 동안 앉았던 부수적인 의자에 불과하다. 초라한 내 자리지만 이렇게 나보다 더 능력이 있는 후배에게 상좌시하였다.

어느 시대나 '역사의 내재적인 발전'은 있다. 그러나 긴 안목으로 보면 그 발전은 더디다. 나는 보수와 진보가 어우러졌을 때 국가와 사회는 발전이 된다고 믿고 있다. 사학자이자 임시정부 대통령을 지낸 백암 박은식은 "역사는 민족의 혼과 같다." 하였다. 정체성 확립을 위해 장차 수능시험에서 한국사가 필수과목으로 지정되어야 할 것이다. 이제 한국의 앞날은 위정자들의 올바른 교육정책과 후배 교사들의 몫이 되었다. 그들에게 한국의 미래가 달려 있다.

퇴직하면서 "노병은 죽지 않는다. 다만 사라질 뿐이다.(Soldiers never die. They just fade away. — 맥아더 D. MacArthur)"라는 말이 나에게 큰 위안이 되었다. (2015년 3월 1일)

* 이 글을 쓴 지 몇 년의 시간이 흘렀다. 지금은 다행히 한국사가 문 · 이과 공히 수능시험에서 필수 과목으로 지정되었다. 교육은 백년대계다. 정책 부재로 한동안 정체성의 혼란을 겪었던 과오를 거울삼아 이후로 교육부의 바른 정책이 시행되기를 기대한다.

• 2005학년도 수능시험부터 한국사는 문과에서 사회과 선택 과목의 하나가 되었다. 그나마 수능시험의 대학입시 반영과목에서 서울대학교를 제외한 나머지 대학들이 한국사를 선택하지 않았다. 서울대 진학을 포기한 대부분의 학생들은 한국사에서 1등급을 맞기 어렵다고 판단하여 수능고사에서 한국사를 선택하지 않았다. 그 결과 사회과 과목에서 한국사를 선택한 학생의 비율이 10%도 되지 않은 기이한 현상이 생겼다.

•• 니오베는 그리스 신화에 나오는 테베의 왕 암피온의 왕비로, 테베의 여신 레토의 노여움을 사서 열 넷이나 되는 아들 딸을 다 잃었다. 자식을 잃은 그녀는 슬퍼 밤낮을 울며 탄식하다 '니오베의 돌'이 되었다. 그 돌에서도 눈물이 계속 흘러내렸다 한다.

조선 숙종시대 유하 홍세태는 중인 출신으로 뜻을 펴지 못하였다. 그의 8남 2녀의 자녀가 모두 죽었고, 그의 남동생 2명과 두 남자 조카까지 다 죽어 가슴이 아파 쓴 그의 한시漢詩는 눈물겹다. 매천 황현은 조선 말기 망국으로 치달아가는 슬픔을 홍세태의 많은 시에 차운하여 그의 우국憂國의 마음을 읊었다.

••• 양후는 진 소왕(秦 昭王)의 친 외삼촌이다. 진이 동쪽으로 땅을 넓혀 제후들을 약화시킨 것은 네 번이나 정승에 오른 상국(相國) 양후의 공이었다. 말년에 범수范雎의 유세와 모함을 받아 관직이 삭탈되어 권세를 잃고 함곡관 밖으로 쫓겨나 울화로 죽었다. (『사기』「양후열전」)

•••• 석숭은 서진西晉의 부호로 중국 부자의 대명사이다. 서진의 무제를 거쳐 혜제 때 형주 자사를 지냈으며 무역으로 부를 축적했다. 금곡원金谷園을 지어 금곡주수金谷酒數의 풍류를 즐기면서 매우 호화로운 생활을 하였다.

석숭은 그의 애기愛妓 녹주綠珠를 요구한 손수孫秀에게 패하여 잡혀 참수당했다. 이때 석숭의 가족 15명 모두가 살해되었으며, 그의 나이 52세 되던 해였다.(유종목 외,『당시 삼백수 2』)

버리지 못하는 물건들

우리 부부가 살아갈 집을 짓고 싶었다. 평생의 소원이었다. 이곳저곳 땅을 찾아다니다가 마침내 명당 터라 생각되는 땅을 매입해 집을 지었다. 고생 끝에 새집이 지어졌으나 막상 이사 날짜를 잡아 놓고도 신나지 않았다.

지금 살고 있는 집에서 잘 살아가고 있는데 '이사를 꼭 해야 할 필요가 있는가?' 하는 의문이 들었다. 놀던 방죽이 좋다는 이야기가 있듯이 정든 골목이나 애틋한 이웃 사람들이 그리워질 것만 같아 서운한 생각이 들었고, 이사 전후의 어지러워진 세간을 정리하는 것 또한 심란했기 때문이다.

그런 생각을 하는 동안 아내는 살던 집을 급히 비워야 한다고 하면서 이사 준비를 다그쳤다. 신경이 곤두섰다. 새집의 몇 군데를 하자 보수까지 마쳐야 했으므로 시간상으로 여유가 없었다.

신혼 초에 사글셋방에서 살기 시작한 나는 이사를 자주 다녔다. 그때마다 거추장스러운 것들을 가능한 한 버리고 다녔다. 하지만 버리고 싶어도 차마 버리지 못하고 있는 물건들도 있었다.

대학에서 민속학을 배운 이후로 옛 선인이 쓰던 골동품에 관심이 많았다. 조상 대대로 내려오고 있는 집안의 손때 묻은 물건에도 애착이 있었다. 우리 집은 양반 가문으로 선대에 부자로 살아 집안에는 어른들이 쓰던 소중한 물건들이 다수 있었다. 하지만 내가 외지로 나가 있는 동안 그런 것들이 어느 틈에 하나둘씩 없어지고 말았다.

조상이 남겨준 유물 가운데 큰 벼루와 작은 벼루, 연적은 내가 대학시절에 서예학원을 다니면서 사용한 이후로 지금도 쓰고 있다. 20여 권의 한적漢籍은 한문공부를 하면서 챙겨와 한 번씩 읽고 있다. 우리 집의 수많은 한적은 일제강점기를 거치고 해방과 한국동란을 겪으면서 모조리 없어졌다. 벽지나 휴지로 사용하기도 했고 고물 장수가 가져가기도 했다. 어렸을 때 엿장수가 오면 으레 책을 주고 엿과 바꿔먹기 일쑤였다. 그나마 남아 있는 한적들은 내가 한문을 전공하면서 수습한 책들이다.

할머니의 말씀에 의하면 '유학(幼學; 벼슬하지 아니한 유생儒生)'으로 참봉 벼슬을 한 증조할아버지가 병환으로 눕게 되자 할아버지가 곁에서 늘 병간호하면서 『서전(書傳=서경書經)』을 통째로 암송하시곤 했다고 한다. 책을 보배로 여기고 살았던 증조부와 할아버지, 아버지가 읽어 닳고 닳아 손때가 묻은 『서경』이나 『중용』, 『고문진보』, 『강목綱目』과 같은 책들만 일부 남아 있다. 이 한적들은 대를 이어가며 공부한 책들이라 나에게도 소중한 유품이 되고 있다.

할아버지가 겨울철에 공부하면서 사용했다던 작은 청동화로나 떡이나 곡식을 담았던 함지박도 가지고 있다. 초등학생 때만 해도 겨울철에는 유기그릇으로 밥을 먹었다. 추억이 담긴 내가 먹던 유기밥그릇을 챙겨와 필통으로 사용하고 있다. 모두가 값나가는 물건이 아닌 조촐한 것들이다.

할머니가 나에게 남긴 유품도 있다. 결혼할 즈음 버드나무로 만들어진, 덮개까지 있는 고리짝 바구니가 뒤란의 툇마루에 버려져 있었다. 우연히 고리짝 겉면에 붓글씨로 정갈하게 깨알같이 써진 한글을 보고는 이내 할머니에게 가지고 가 누가 쓴 글씨인지 여쭈어 보았다. 놀랍게도 할머니께서 시집올 때 가지고 온 고리짝이라고 하시면서 직접 쓴 글씨라 하셨다. 할머니의 말씀으로는 복을 기원하는 내용을 적어 놓은 것이라 했다.

그제서야 손자는 '호남가'를 즐겨 부르시던 1900년생의 할머니가 한글도 배우고 붓글씨도 쓸 줄 알았던, 당시의 시대 상황으로 보아 신여성이라는 사실을 알았다. 진즉 없어져야 할 고리짝이지만 할머니의 손때가 묻은 유물이기에 가져와 한적漢籍을 넣어 두고 있다. 어릴 때는 똑같은 고리짝이 여러 개 있었지만 그 가운데 하나만 생명력이 질겨 아직까지 할머니의 손자인 나에게 귀중한 유물이 되고 있다.

그 뒤로 아버지가 타계하시고, 다시 어머니의 장례식을 치른 다음 부모님의 유품을 정리하였다. 어머니는 돌아가시기 전에 성당을 다니셨다. 세례명은 '아가다'이다. 어머니가 흰 종이에 자식들을 위해 기도문을 적어 놓은 액자를 가져와 내 방에 걸어 놓고 있다. 이것이 어머니가 나에게 남겨주신 제일 소중한 유품이 되었다. 어머니에게 사 드린 손목시계, 유럽이나 호주를 다녀온 어머니의 여권도 책상 서랍에 넣어두고 어머니가 생각날 때마다 한 번씩 들여다본다. 선풍기도 가져와 어머니를 생각하면서 사용하고 있다.

사람은 죽어도 유품은 남는다. 이런 유품들은 값나가는 세전지물世傳之物이 아니니다. 하나 나에게는 의미가 깊고 가치 있는 것들이기에 버리지 못하고 있다. 이사가 잦다 보면 큰 물건은 가지고 다니거나 보관하기 어렵다. 그래서 조상의 유품 가운데 작은 것들만 간직해 왔다. 때로는 작은 것조차 귀찮아 이사할 때마다 버릴까 하다가 차마 버리지 못하고 있다. 그런 연유로 지금까지 최소의 공간으로 조상의 숨결을 최대한 느끼고 있는 것이다.

내가 사 온 물건들 가운데 골동품처럼 되어버린 것도 있다. 대학 다닐 때 책상과 의자를 샀다. 책상은 2개나 버렸지만 보르네오산 나무의자와 직장생활을 시작하면서 사 온 플라스틱 쓰레기통은 지금도 사용하고 있다. 쓰레기통에는 부엉이 눈이 그려져 있다. 그 녀석은 밤이나 낮이나 지금까지 나의 행동이 '바르게 처신하고 있는가'를 감시하고 있다. 어떤 때에는 그 녀석의 눈치가 보인다.

이 밖에도 내가 가지고 있는 물품 중에는 퇴색된 통신 기구 삐삐부터 헌 휴대전화, 오래된 카메라도 있다. 음악을 즐겨 들었던 라디오 겸용의 녹음기도 있고, 낡은 오디오도 가지고 있다. LP판으로 된 세계음악전집도 있다. 과학의 발전으로 소위 아날로그 방식이 되어버린 이런 것들은 더이상 아무짝에도 쓸모가 없다. 그런데도 애착이 남아 버리지 못하고 아직까지 빈방 한구석을 차지하고 있다.

소장품 가운데 골동품상에서 사들인 물건과 지인들이 준 것도 있다. 커다란 집에 걸어 놓은 '취죽헌醉竹軒'이라 쓰인 현판, '반야심경'이나 도연명의 '귀거래사'를 쓴 여덟 폭 병풍 2벌, 그밖에 십여 개의 액자나 족자들이다. 써진 한문 글귀가 좋아 부담 없이 사 온 것들이다. 또 옛 돈이나 우표도 있고, 반세기가 흘러가 버린 전공서적이나 케케묵은 잡지도 있다. 이런 옛것을 보고 있으면 역사 전공자로서 그때 그 시절의 생활상이나 사회상이 생각나 잃어버린 시간 속으로 들어가 있는 느낌이 난다. 이런 향유의 즐거움이 있기 때문에 소장품을 선뜻 버리지 못하고 있다.

그러나 주인인 내가 이런 물건들을 대부분 쓰지 않고 골방에 밀쳐두고 있는데, 누가 언제 이런 것들을 다시 꺼내 쓰고 보겠는가? 박물관에서도 쓰지 못할 잡동사니로 이사하는 데 걸림돌이 될 뿐이다. 아무리 그렇다고 해도 가지고 있는 것 다 버리고 디오게네스처럼 표주박 하나만을 가지고 살아갈 수 없다. 나는 마하트마 간디나 성철스님처럼 두타頭陀(의식주에 탐착하지 않고 불도를 닦음)를 행하는 탁

발승처럼 살아가는 사람이 아니기 때문이다.

내 소유물 가운데 영원히 내 것은 없다. 더군다나 이순耳順이 넘은 나이에 언젠가는 곧 버리고 가야 할 부담스러운 짐 덩이에 불과할 뿐. 가지고 있는 것 모두가 헛것이고 허사다. 언젠가 죽음을 눈앞에 둔 최종점에 있을 때 왕관을 준다 한들 그것이 나에게 무슨 소용이 있겠는가.

> 육신은 머지않아 모두 다 흙으로 돌아가서
> 형체는 사라지고 정신도 떠나간다
> 의탁하여 머무는 곳에 무엇을 탐하리
> (유신불구 개당귀토 형괴신거 기주하탐;
> 有身不久 皆當歸土 形壞神去 寄住何貪)
>
> —『법구경』「심의품心意品」

위의 내용처럼 죽어서 육신은 흙이 되고, 정신도 떠나간다. 저승으로 가지고 갈 물건이 무엇이 있겠는가.

행복한 삶은 자유로울 때만 가능하다. 진정 자유로운 생활과 행복을 원한다면 필요 없는 물건들을 과감히 버려야 한다. 그런데도 버리지 못하고 부려야 할 외물에 부림을 당하고 욕망의 노예가 되고 있는 나 자신을 어떻게 설명해야 할 것인가?

법정 스님은 무소유를 '아무것도 가지지 않는 것이 아니라 불필요한 것을 갖지 않는다'는 의미로 해석하였다. 나 또한 그렇게 생각한다. 그럼에도 나에게 필요한 것이, 내가 가지고 있는 것이 너무 많다.

백 년 된 푸른 솔은 잘려서 땔감이 되고, 나는 눈 깜박할 사이에 백발이 되고 말 텐데. 역사책에서 만난 숱한 사람들처럼 나 또한 하루 아침에 몸져누워 새들만 슬피 울고 있을 텐데…….

4부

「여행자의 노래 — 죽음으로 가는 길」

낙이불음 애이불상(樂而不淫 哀而不傷) 1

— 할머니와 아버지의 선서仙逝 —

공자孔子의 제자들이 엮어 놓은 『논어』의 「팔일편」 제20장에는 "자왈; 관저, 낙이불음, 애이불상(子曰; 關雎, 樂而不淫, 哀而不傷.)"이라는 구절이 있다. 번역해 보면 "관저關雎의 시는 즐거워하면서도 정도에 지나치지 않고, 슬퍼하면서도 마음을 상하지 않게 한다."라는 의미다.

관저는 '꾸룩꾸룩' 하고 우는 물수리의 소리를 나타낸다. 이 「관저」 시는 공자가 편찬했다고 전해지는 『시경』 「주남편」의 첫머리에도 나온다. 「관저」 시의 내용은 남녀 간의 사랑을 물수리와 물풀의 흔들림에 비유하여 써 놓은 일종의 연애시이다.

구룩구룩 물수리, 섬가에서 울고 있네

(관관저구 재하지주 關關雎鳩 在河之洲)

아리따운 아가씨, 군자의 좋은 배필일세

(요조숙녀 군자호구 窈窕淑女 君子好逑)

올망졸망 마름풀, 이리저리 헤치며

(참차행채 좌우류지 參差荇菜 左右流之)

아리따운 아가씨, 자나 깨나 그립네

(요조숙녀 오매구지 窈窕淑女 寤寐求之)

찾아도 만나지 못해, 자나 깨나 잊지 못하네

(구지부득 오매사복 求之不得 寤寐思服)

생각나고 생각나, 잠 못 들어 전전반측

(유재유재 전전반측 悠哉悠哉 輾轉反側)

올망졸망 마름풀, 이리저리 뜯고 있네

(참차행채 좌우채지 參差荇菜 左右采之)

아리따운 아가씨, 금실 좋은 벗이로다

(요조숙녀 금슬우지 窈窕淑女 琴瑟友之)

올망졸망 마름풀, 이리저리 고르고

(참차행채 좌우모지 參差荇菜 左右芼之)

아리따운 아가씨, 북을 치며 즐기리

(요조숙녀 종고악지 窈窕淑女 鍾鼓樂之)

위의 「관저」 시처럼 『시경』 시의 특징은 대개 넉 자가 기본인 사언시四言詩가 주를 이룬다. 공자는 『시경』 305편 가운데 이 「관저」 시를 찬미하였고, 다시 『논어』에도 "낙이불음樂而不淫, 애이불상哀而不傷"으로 높이 평가해 놓았다.

이 『논어』 글귀의 의미를 좀 더 풀어 설명하면, 남녀 간의 사랑을 표현함에 '즐거우면서도 음탕하거나 저속하지 않고, 슬퍼하면서도 지나치게 마음의 상처를 나타내는 표현은 하지 않는다.'라는 뜻이다. 말하자면 남녀 간 사랑의 기쁨과 슬픔에 대하여 과도하게 드러내지 않는, 절제되고 중화中和된 감정의 중요성을 지적해 놓은 깊은 철리哲理가 배어 있다.

절제되고 중화된 감정은 '피라모스와 티스베(그리스 신화에 나오는 연인으로, 바빌론의 청년 피라모스가 죽자 그의 죽음을 본 티스베도 따라 죽었다)' 그리고 '로미오와 줄리엣'과 같은 사랑이 아닌, 지고지순한 사랑을 말한 것일 게다. 또 큐피드의 화살에 꽂히거나 '베르테르(괴테의 소설 『젊은 베르테르의 슬픔』의 주인공)'처럼 사랑에 눈이 멀어 죽음에 이르는, 맺을 수 없는 사랑을 경계하여 지적한 글로 생각된다.

젊은 시절에 나는 대학을 졸업하고 좀 늦은 나이에 서당을 다니면서 『논어』와 『시경』을 공부하였다. 그 이후로 '애이불상哀而不傷'의 구절이, 주변에서 일어나고 있는 극한의 슬픈 현상에 대하여 '너무 지나치게 슬퍼하고 애통해하면 오히려 몸이 망가져 회복할 수 없는 지경에 이르게 된다.'는 사실을 경고하고 있는 것으로 생각해 왔다. 말하자면 지나침은 미치지 못하는 것과 같다는 '과유불급過猶不

及(『논어』「선진편」)’의 고사와도 상통되는 의미로 받아들였다.

어릴 때부터 나는 감정의 기복이 많았다. 성인이 된 후에도 기분이 좋을 때나 우울할 때 술을 많이 마셔 자신을 가늠하지 못하고, 다음 날 힘들 때가 많았다. 할머니가 돌아가셨을 때도 그와 유사한 현상이 있었다.

할머니는 1남 2녀의 자녀를 낳았지만 27세 때 남편을 여의었다. 할아버지는 산 밑 논배미에 갔다가 돌아와 갑자기 배를 움켜잡고 돌아가셨다고 한다. 사망 원인을 생각해 보면 아마도 급성 맹장염 정도로 추정되는 병이었을 것이다.

할머니는 갑작스럽게 남편을 잃고, 세 살 먹은 아버지를 키우며 살다가 중간에 두 딸을 연거푸 잃고, 오직 아들 하나만을 믿고 의지하며 살았다. 아버지는 자기 아버지의 얼굴도 모른 채 성장하여 나의 어머니와 혼인해 3남 5녀의 8남매를 낳으셨다. 할머니는 당신의 상처를 보상받기 위해서인지 아버지가 자식을 많이 낳아주기를 바라셨고 손자가 많기를 원하셨다 한다.

할머니는 시부모를 효성으로 섬겼다. 아픈 시아버지 시어머니의 병간호를 극진히 했을 뿐만 아니라 남편이 돌아간 후에는 3년 동안 정화수를 떠놓고 날마다 남편의 명복을 빌었다 한다. 또 몸엔 치장도 하지 않고 평생 흰옷만 입고 살으셨다. 청상과부의 몸으로 재가再嫁하지 않고 죽은 지아비를 섬기며 수절하셨다. ‘백주栢舟의 절개’• 와 그 열행烈行이 그리 쉬운 일만은 아니었을 것이다. 그 칭송이 널리 퍼져 마침내 정읍 향교에서 할머니를 효열부孝烈婦로 인정해 주었고, 효열비를 세울 수 있도록 유생들이 서명한 '경통慶通(경사스런 통지)'을 보내주었다. 『정읍향교지井邑鄕校誌』에 그 내용이 기록되어 있다.

> 전의이씨 이동숙(全義李氏 李同淑, 1900~1986)은 시부모를 효를 다해 섬겼으며, 시어머니의 병환에 백방으로 약을 구해 치료하여 낫게 하였다. 부군夫君이 괴병怪病을 얻어 약을 구하여 치료했으나 천수를 다하니 이례집상以禮執喪하고 평생을 마치니…
>
> (『정읍향교지井邑鄕校誌』, 정일문화사, 1986, 392쪽.)

양반집에서 성장하여 부잣집 양반 가문으로 시집온 할머니는 행동에 흐트러짐이 없었다. 미모와 덕성이 넘쳐흘러 인근 향리 사람들 모두가 할머니를 우러러보았다. 바느질을 잘 하셨을 뿐만 아니라 음식 솜씨가 좋아 우리 집 일꾼(머슴)들이 할머니의 음식을 좋아했다.

할머니는 농사일로 바쁜 어머니를 대신하여 집안일을 맡아 하시면서 지극 정성으로 손자, 손녀들을 키우는 재미로 살아오셨다. 손자들 가운데 유독 나를 애지중지하셨다 한다. 어머니 말씀에 의하면 '할머니의 저고리가 곰팡이 나도록 나를 업어 키웠다.'고 하셨다. 내 뜻이 맞지 않으면 울며 떼쓰고 칭얼대던 어린 시절의 기억이 나에게 남아 있는 것은 다 그런 이유 때문일 것이다.

이런 영향을 받아 중학교 1학년 때까지는 할머니의 사랑을 받으며 할머니의 품속에서 잠을 잤다. 그만큼 나는 할머니의 귀한 손자였다.

할머니는 손주들의 생일을 일일이 기억하여 잊지 않고 떡을 해 놓고 부처님과 삼시랑할미에게 두 손을 모아 비비면서 복을 달라고 기도하시곤 하였다. 때론 내장사에 찾아가 불공을 드리기도 하고, 무당을 불러 집에서 액막이굿도 하였다. 8남매 모두가 고등학교 졸업 이상의 학력을 갖고 건강하게 성장한 이유도 모두가 할머니의 공이었다. 그렇게 할머니는 손자 손녀들의 진자리를 마른자리로 갈아 주시면서 등허리 휘도록 고생하셨다.

내가 교직생활을 시작할 무렵 할머니는 건강이 좋지 않으셨다. 교실에서 수업을 하다가 '할머니가 돌아가셨다'는 이야기를 전해 듣고 무척이나 슬펐다. 상喪을 다 치를 때까지 울고 울었다. 붉은 명정銘旌과 할머니의 시신을 실은 상여는 앞산 할아버지 묘 앞 장지로 향해 가고, 슬픈 만가輓歌는 산골짝 무덤가에 내 가슴속에 울려 퍼졌다. 할머니를 장사지내고 돌아오는 길에도 애절한 장송곡이 귓가에 요동치고 메아리쳐 왔다. 목이 쉬어 소리 내어 울지 못하고 눈물만 비오듯 흘렸다.

직계가족이 처음으로 타계하여 이때 받은 충격과 슬픔은 참으로 컸다. 슬픔이 지나쳐 너무 애통해 하면 몸이 망가져 회복할 수 없는 지경에 이른다는 사실도 처음 알았다.

그렇게 5~6년이 지나 할머니 부재의 상처가 아물 무렵 건강하신

아버지께서 돌아가셨다. 아버지를 부둥켜안고 서서히 식어가는 여윈 아버지의 시신을 바라보면서 막상 눈물이 나오지 않았다. 하지만 사실은 아버지가 위암 환자로 판명을 받고 수술한 후, 돌아가실 때까지 병간호를 하면서 마음속의 눈물을 얼마나 흘렸는지 모른다. 잠시 여유를 갖고 친구들과 함께 나들이 갔다가도 문득 편찮으신 아버지 생각이 잠깐 뇌리에 스쳐 지나가면 흥이 깨져 얼른 시골집으로 달려가곤 하였다.

로마의 '성 베드로 성당'에 있는 미켈란젤로의 피에타 형상을 본 것은 그 후의 일이었다. 사진으로도 본 적이 없는 피에타상의 모습이 내가 아버지의 시신을 부둥켜안고 있는 모습과 똑같이 닮아 깜짝 놀랐다. 아버지의 임종 때의 모습이 떠올라 그 자리에 서서 아버지를 추념하며 슬퍼 멍하니 옛 생각에 잠겨 있었다.

유교에서 가장 큰 효는 부모를 공경하는 것이고, 그다음 효는 부모를 욕되게 하지 않는 것이다. 제일 낮은 효는 부모를 잘 봉양하는 것이라 하였다. 구양수歐陽修의 「상강천표瀧岡阡表」에도 그런 글이 있다.

* 제사를 풍성하게 지내도 변변치 않게 봉양함만 못하다.

(제이풍, 불여양지박야; 祭而豐, 不如養之薄也.)

* 너는 노력하거라! 봉양은 반드시 풍성할 필요 없으니 중요한 것

은 효심이다.

(여기면지! 부양불필풍, 요어효; 汝其勉之! 夫養不必豐, 要於孝.
: 오수형 편역,『중국의 고전산문』)

위의 글처럼 나 또한 아버지가 돌아가신 후에도 아버지를 받들어 "아버지의 몸은 나의 몸, 내가 성냄은 아버지를 욕되게 하는 것이다(부신아신 아진부욕; 父身我身 我瞋父辱)"는 태도로 몸가짐을 바르게 하여 살아왔다. '소완小宛'의 구절에도 "일찍 일어나고 밤늦게 잠을 자, 부모 욕됨 없이 하라.(숙흥야매 무첨이소생; 夙興夜寐 無忝爾所生 :『시경』「소아편」)"는 내용이 있다. 아버지가 이 세상에 계시지 않는다 해도 아버지의 유훈을 생각하면서 행동과 처신을 바르게 하려고 나름대로 노력을 다해 왔다.

내가 태어나고 자란 붕래朋來 마을에는 우리 가문의 정문 '세효정世孝旌'이 있다. '효행이 세세世世로 이어졌다'라는 의미의 정문이다. 정문 안에 있는 비각에는 5대조 휘 단檀과 4대조 휘 현모顯模 부자父子의 2개의 쌍효비가 있다.[**] 비문은 모두 유학자이자 의병장으로 명성이 높은 송사 기우만奇宇萬이 쓴 것이다. 두 분의 효자 행적이 정읍 고을에 널리 알려져 원님이 추천하자, 전라관찰사가 예조禮曹에 올려 고종 황제가 거듭 정려를 세우라고 명령하여 만들어진 정문旌門이다.[***]

헌능참봉獻陵參奉을 지내신 3대조인 나의 증조부 휘 용배(龍培)께서 이 세효정을 건축했다. 이 밖에도 이 정문에는 세 개의 열녀비가 있다. 모두 정읍 향교에서 인정한 비들이다.

이렇게 우리 집안의 풍토는 유교 윤리를 기본으로 하는 충효쌍전忠孝雙全의 집안이 되어야 양반가문이 된다는 가통家統이 있었다. 그 결과 조선 말기를 거치는 동안, 작은 문중에서 3대조 사이에 2명의 효자와 3명의 효열부가 탄생한 것이다. 부모와 조상은 물론 남편에 대한 공경의 마음이 없었으면 가능치 않은 일이었을 것이다.

그뿐만 아니라 우애하고 덕을 베풀며 살라는 증조부의 유훈을 받들어 인근 지역 사람들을 도우면서 인심을 잃지 않았다. 내가 어릴 때만 해도 굶던 시절이었다. 내 집에 찾아온 수많은 걸인에게 밥은 물론 양식까지 나누며 살았다. 그런 이유로 한국동란 이후 빨치산이 득실거릴 때도 증조부가 건축한 대궐 같은 큰집은 물론 우리 집안은 재화災禍나 손실이 거의 없었다.

우리 남매들 또한 정문 '세효정世孝旌'의 이름처럼 그 가풍을 이어받아 효자, 효부 집안의 후손답게 살아가도록 교육받았다. 아버지가 돌아가신 이후로도 유비劉備가 '철관음(차의 종류)'을 구하러 간 마음가짐으로, '회귤유친懷橘遺親'의 태도로 홀로된 어머니를 받들어 모시고 살았다. 아버지가 계시지 않아도 모두가 어머니의 뜻에 어긋나지 않았다.

그렇게 효제孝悌하면서 큰 탈 없이 오순도순 살아왔다. 그것이 남겨진 우리 형제자매에게 제일 큰 행복이었다.

• 백주지조栢舟之操 : 백주는 위衛의 세자 공백共伯이 죽자 그의 처 공강共姜이 절개를 지키면서 읊은 시이다.(『시경』「용풍」)

•• 나의 17대조 안경공安敬公 휘 영정(永貞, 1437~1509)은 연산군 때 대사간, 대사헌을 지냈다. 직언하다 낙직落職하여 전라 관찰사를 지냈고, 14대조의 휘 희필希弼은 담양 부사를 지냈다.

이것이 계기가 되어 선대에 담양, 순창에서 살다 5대조 휘 단 때 정읍으로 이거移居해 왔다.(『전라도읍지全羅道邑誌; 호남읍지 제5책』 18권.)

••• 1892년(고종 29)에 임금이 명령하여 '효자 증 가선대부(종2품) 호조참판 김해김공 휘 단檀의 정려旌閭'를 세우도록 하였고, 휘 현모顯模께서 정문을 건립하였다. 이어서 1903년에 현모 공이 돌아가시자 이듬해에 고종황제가 거듭 명령하여 '효자 행行 통정대부(정3품 상계) 김해김공 휘 현모의 정려'가 건립되게 되었다.

낙이불음 애이불상(樂而不淫 哀而不傷) 2

— 어머니의 선유仙遊 —

아버지가 돌아가시고 또다시 십수 년이 흘렀다. 그러던 어느 날, 고향집을 지키고 계신 어머니께서 교통사고를 크게 당했다는 소식을 전해 들었다. 가슴이 철렁 내려앉았다. 예감이 이상했다. 너무 놀라 눈앞이 캄캄해지고 하늘이 무너져 내리는 천붕天崩과 같은 느낌이 들었다.

대학도서관에서 밤늦도록 공부하고 있다가 청천벽력과 같은 어머니의 사고 소식을 듣고, 병원으로 차를 빨리 몰아갔다. 설마 했지만 어머니의 사망을 확인하고는 울음조차 나오지 않았다. 믿어지지 않았다. 할머니와 아버지의 죽음은 병환으로 이미 예상된 운명殞命이었지만 어머니의 죽음은 전혀 그렇지 않아 호곡號哭의 마음 그대로였다. 그런데도 어머니의 상을 치르는 동안 식음을 전폐하지도 않았고, 염포殮布로 어머니를 묶을 때 오열 하지도 않았다.

고교시절에 읽은 카뮈의 『이방인』은 이 세상에서 가장 재미없는 소설이었다. 주인공 뫼르소는 자기 어머니의 사망 소식을 듣고 상喪을 치르러 갔다. 하지만 뫼르소는 어머니의 시신조차 확인하지 않는 정신병자였다. 내가 그런 모양새였다. 나 또한 잠들어 있는 어머니의 마지막 모습과 관棺 앞에서 오히려 무덤덤하기만 했다. 이러한 나의 행위를 좋은 의미로 말해 본다면 할머니와 아버지의 죽음을 경험한 후라 자연의 순리를 알고 누구나 죽음에 순응해야 한다는 이치를 깨달은 것이고, 나쁜 의미로 말하면 불효자가 틀림없었다. 모친상을 치르면서 참된 슬픔은 소리 내지 않고 운다는 말을 뼈저리게 실감하였다.

중국 전국시대의 장자莊子는 아내가 죽자 두 다리를 뻗고 질그릇을 두드리며 노래하고 있었다. 이를 괴이하게 여긴 친구 혜시惠施가 장자에게 그 이유를 물었다. 장자가 대답한 말이 그럴듯하게 내 마음에 다가왔다. "아내에게는 애당초 생명도 형체도 기氣도 없었다. 유有와 무無의 사이에서 기가 생겨났고, 기가 변형되어 형체가 되었으며, 형체가 다시 생명으로 모양을 바꾸었다." 하면서 이렇게 말했다.

> * 지금은 아내가 또 변화하여 죽어간 것일세. 이것은 춘하추동 사철이 운행하는 것과 같은 변화이네. 그 사람은 하늘과 땅이란 거대한 방 속에 편안히 잠들고 있는 것일세. 그런데도 내가 엉엉하

며 그의 죽음을 곡한다면 스스로 운명에 통달하지 못한 일이라 생각되어 곡을 그쳤던 것이네. (김학주 옮김,『장자』)

'죽음은 삶의 형식을 바꾼 것에 지나지 않다'는 장자의 초월적 의지를 보여주고 있는 내용이다. 죽는 것도 삶의 일부라고 하면서 장자는 이성을 통한 정감의 순화[이리화정, 以理化情]를 주장하고 있다.

자연은 인간의 모태요, 본래의 고향이다. 자연으로 돌아가는 것이 죽음이고, 죽음은 본래의 고향인 어머니의 자궁 속으로 들어가는 것과 같다고 생각하면 죽음이 슬프지 않고 두렵지 않을 것 같기도 하다. 하지만 아내의 형체가 영영 사라진다고 생각하면 장자인들 어찌 자기 아내의 죽음에 대하여 고분지통鼓盆之痛(아내를 여윈 슬픔)이 없었겠는가?

진晉나라 초기 죽림칠현 가운데 완적(阮籍, 210~263)은 모친의 복상服喪 기간에도 술을 마셨다. 출관出棺할 때가 되자 외마디 소리를 지르고 피를 토하였다고 한다. 또 죽림칠현의 한 사람 왕융王戎은 부친의 상중喪中에 술과 고기를 계속 먹었다. 슬픔을 견디지 못하고 약해져 죽게 되었으므로 세상에서 사효死孝라는 이름을 얻었다고 한다. 둘 다 천진天眞의 도를 실행한 것이다.(박일봉,『중국사상사』) 이들은 부모의 죽음을 애써 인정하지 않으면서도 인정할 수밖에 없는 처절한 몸부림이었을 것이다.

인간은 누구든 언젠가 죽기 마련이다. 좀 일찍 죽고 늦게 죽는다는 차이가 있을 뿐이다. 죽음은 만사萬事를 잊고 편안히 잠든다는 의미로 생각해 보면, 나 또한 고통스럽게 살아가는 것보다 차라리 죽는 게 낫다고 생각한 때가 있었다. 또 죽어볼 만하다는 생각이 들기도 하였다. 하지만 죽음은 누구도 쉽게 마음대로 하지 못한다. 장자는 「지락편至樂篇」에서 죽음의 어려움에 대하여 이렇게 피력하였다.

> 사람이 태어남은 걱정과 더불어 태어나는 것이다.
> 장수한다고 해도, 정신이 혼미해 오래도록 근심하며 죽지 않으니
> 이 얼마나 괴로운 일인가!
> (인지생야 여우구생; 人之生也 與憂俱生.
> 수자혼혼 구우불사 하지고야; 壽者惛惛 久憂不死 何之苦也.)

오래 살다가 정신이 혼미해도 죽지 않으니 어찌 고통스러운 일이 아니겠는가? 이천몇백 년 전 맹자와 같은 시대에 살아가면서 대략 80~90세까지 살았던 장자의 말이다. 그러므로 희랍의 비극 시인 소포클레스는 "인간에게 최선은 이 세상에 태어나지 않는 것이요, 차선은 하루바삐 죽는 것이다."라 했다고 한다. 인간은 누구나 태어나는 순간부터 생로병사生老病死의 괴로움을 안고 살아가기 때문에, 이런 주장은 고통을 받지 않고 편안히 살다 죽어가고 싶은 극단적인 사고방식의 표현이라 생각된다.

직계가족인 할머니와 부모의 선유仙遊는 내 생애에 가장 큰 슬픔

과 어려움을 안겨 주었다. 또 죽음에 대하여 깊이 생각해 볼 수 있는 계기를 마련해 주었다. 하지만 살아가면서 가족의 죽음과 장애, 실패 등 어려운 일들이 끊임없이 생겨나기 마련이므로 근심 걱정 없이 살아가는 사람이 얼마나 되겠는가? 원말 명초(元末 明初)에 중생을 교화한 묘협 스님의 글 가운데 교훈으로 삼을 만한 내용이 있었다. 『보왕삼매염불직지寶王三昧念佛直指』「십대애행十大礙行(열 가지 큰 장애가 되는 행동)」이 그것이다.

> 세상 살아가면서 곤란한 것 없기를 바라지 마라.
> 세상에 곤란한 것 없으면 교만한 마음과 사치가 생겨나니
> (처세불구무난 處世不求無難/ 세무난즉교사필기 世無難則驕奢必起
> : 류시화 엮음, 『법정 잠언집』)

윗글의 내용은 생겨나는 근심 걱정을 긍정적인 사고로 맞이하라는 의미다. 닥쳐온 시련을 극복하고 나면 즐거운 날이 온다. 그러므로 어려움에 순응하여 겸허한 마음으로 살아가라는 철리를 담고 있다.

어머니의 장례를 치르고 난 후 나는 고아가 되었다. 어머니가 꽃길 따라 천상의 세계로 가신 후 "위대한 효자는 평생토록 부모를 사모할 뿐이다.(대효 종신모부모; 大孝 終身慕父母 : 『맹자』「만장편」)"라는 글귀가 비로소 내 눈에 안겨 들어왔다. 나도 모르는 사이에 풍수지탄風樹之嘆의 큰 불효자가 되고 만 것이다.

몇 년이 지나고 나서 남겨진 우리 남매들 사이의 끄나풀도 한 단계 멀어졌다는 사실을 은연중 알게 되었다. 한 세대가 흘러가 버리면 아무리 곤제昆弟 사이라 할지라도 그만큼 멀어져 갈 뿐이다. 아마도 그 이유는 서로 멀리 떨어져 살아가면서 당장 내 생활과 처자식을 위한 생계가 녹록지 않기 때문이라는 생각이 들었다.

이렇게 직계가족의 죽음을 지켜보면서 슬픔의 과정을 겪고 난 후, 오욕 칠정(五慾 七情)의 감정을 표현함에 "낙이불음 애이불상(樂而不淫 哀而不傷)"의 구절이 살아가는 데 잠언과도 같은 소중한 경구警句임을 알았다. '즐거움을 노래하되 지나치지 말아야 하고, 슬픔을 표현하되 자신의 마음을 추스를 수 없는 경지에 다다르면 안 된다.'라는 교훈을 배운 것이다.

그렇다. 정서를 드러낼 때 절제가 있어야 한다. 기쁨이 다하고 나면 슬픔이 온다. 부모와 자녀, 남녀 관계 등 사랑하는 사람과의 죽음과 이별에 대한 슬픔을 표출하기 위해서는 '마음속에 조화된 중화의 감정과 중용의 자세가 필요하다'는 사실을 어리석게도 지천명의 나이에 알게 된 것이다.

죽음의 문턱에 서면

2018년 여름에 내가 재직한 학교의 임종환 이사장이 타계하셨다. 91세로 생을 마감하신 것이다. 말이 없으신 이사장은 학교 운영을 전적으로 교장에게 맡기고 학교 행정에 거의 간섭을 하지 않은, 인격이 고매한 분이시다.

어쩌다 학교에 오셔서 복도에서 나를 마주치게 되면 그때마다 하시는 말씀이

"선생님은 인상이 참 좋아요. 잘 지내지요?"

이렇게 아들을 대하는 것처럼 다정하게 말씀하시곤 했다. 만날 때마다 정을 베풀어 주신 이사장이 돌아가셨다는 부음訃音을 전해 듣고 무척이나 슬펐다. 퇴직 후 한 번도 찾아뵙지 못한 나를 심히 자책하면서 인자한 스승과도 같은 이사장의 영전에 고인의 명복을 빌었다.

내가 살아오는 동안 감화를 받아 스승으로 존경할 만한 분들이 몇 분 계신다. 송남 이병기 교수나 한문을 가르쳐 주신 지산서당의 김종관 선생은 오래전에 작고하셨다. 내가 방황하고 있을 때 서양고대사 시간에 유일무이하게 '공부하라'고 말씀해 주신 박광선 교수나 한시漢詩를 지도해 주신 박금규 교수도 예전보다 건강이 좋지 않으시다.

'명안종사(明眼宗師; 눈 뜬 스승) 찾으러 불원천리不遠千里(천 리 길도 멀다고 여기지 않음) 한다'는 동훈 스님의 강의를 들은 적 있다. 비록 학문상으로 배우지는 않았지만 나에게는 스승처럼 존경할 만한 분이 또 있다. 일제강점기 서울 중앙고보를 졸업하고 구례문화원장을 지낸 문승이 선생이 바로 그분이다. 매천(황현)기념사업회에서 자주 뵈었던 선생은 요즘 노환으로 귀가 잘 들리지 않아 통화하기 힘들다. 먼 곳에 살고 있어 자주 찾아뵙지 못하고 있지만 살아계셔서 다행이다는 생각을 해온 지 오래다. 부디 건강하게 오래오래 사셨으면 좋겠다.

이렇게 주변의 연로하신 분들의 생활상을 지켜보면서 죽음을 향해 가고 있는, 미래의 나의 모습을 보고 있는 것 같아 마음이 우울했다. 죽음은 연령 순서가 아니라는 이야기가 있다. 그러나 보통 나이가 많으면 먼저 저세상으로 돌아간다. 이것이 자연의 섭리고, 인간은 또 그 섭리를 거스를 수 없다.

내 가족 역시 나이순으로 세상을 떠나가셨다. 맨 처음 할머니가 돌아가셨고, 그다음 아버지, 어머니의 순서로 타계하셨다. 그러므로 다음번에는 내가 죽을 차례가 된 것이다. 그만큼 나의 죽음은 현실성을 띠면서 구체적으로 예고된 셈이다.

성장하면서 나는 언제나 부모님께 순종하는 착한 아들이었다. 하지만 내면으로는 집안의 경제 사정에 대하여 불만이 많았다. 그놈의 돈 때문에 고등학교나 대학이나 대학원도 내 뜻대로 진학하지 못했기 때문이다. 그렇다고 부모의 경제적인 어려움을 외면할 수도 없었다. 부모의 주된 수입은 농사를 짓고 난 후 곡식 판 돈이 전부였다. 농장이 많다고 해도 우리 남매들의 학비 감당이 되지 않아 부모님은 늘 걱정을 많이 하시고 근면 성실히 사셨다.

가정 형편을 알고 있던 나로서는 고교나 대학 때는 물론 결혼한 후에도 틈만 나면 시골집으로 가 농사일을 거들곤 하였다. 대학 시절에는 나 혼자만을 생각해 학비를 벌고 다니는 아르바이트 같은 것은 생각할 수도 없었다. 나 또한 부모를 탓할 수도 없는 '벙어리 냉가슴' 앓듯 생활하다 심한 좌절에 빠졌다.

그러한 예로 일꾼을 부리면서 함께 일하고 난 후, 막걸리를 먹고는 깊이가 수십 미터나 되는 넓고 큰 저수지 가운데로 들어가 수영을 하곤 했다. 수영을 잘하지 못하는 데도 '죽으면 그만이지' 하면서 그 시절에는 위험한 짓거리를 서슴지 않고 하고 다녔다. 보잘것없는 나의 자격지심 때문이었다.

그렇게 생활해 오다 국어학자 이희승이 쓴 「벙어리 냉가슴」이라는 글을 읽었다. 일제에 회유되지 않기 위해 몸부림치고 있는 선생의 모습과 달리 나의 생각과 사고는 치졸한 자학自虐에 불과했다. 부끄럽게도 젊은 그 시절에는 보고 배운 것이 없었기 때문이다.

그나마 철이 든 건 교편을 잡고 갑작스러운 결혼을 한 후부터였다. 그래도 처자식을 생각해 현실에 적응해야 했고, 점차 생활이 안정되자 자신을 학대하지 않았다. 하지만 여전히 술을 많이 마시고, 무절제한 생활을 하였다. '오늘은 어제의 내일이요, 내일의 어제다'는 이야기가 있다. 내일은 오지 않았으니 내일이 없는 것처럼, 무한한 젊음을 생각하고 표류하면서 살았다. 삶의 목표도 없이 소극적인 생활로 몸을 움츠리고 살아온 것이다.

그렇게 무위도식하며 세월을 보내다 지천명知天命의 나이에 이르러 문득, 변화에 순응하지도 못한 채 죽음이 내 앞에 다가오고 있다는 사실을 알았다. '죽으면 썩어 문드러져 초로草露처럼 없어질 육신인데…'하고 생각하니 젊음을 허투루 보내버린 날들이 심히 후회되었다.

다행히 공부하고 싶다는 목표와 소망을 버리지 않고 있었다. 늦게나마 교육대학원에 입학하였다. 석사 과정의 한문교육학과는 그리 힘들지 않게 다녔다. 다만 마지막 5학기 때는 「황현 시 연구」라는 제목으로 좋은 논문을 써보려고 나름대로 노력을 다했다. 한시漢詩에 문외한인 내가 논문을 쓰다 말고 국문 시부터 다시 공부하여 시에 대한 안목을 넓혔다. 동시에 아무도 번역하지 아니한 매천 황현 시를 번역하고, 평가까지 하면서 장문長文의 논문을 완성하여 졸업하였다. 격조 높은 한시의 매력에 빠져들어 한 학기 습작과 같은 시간을 보낸 것이다.

석사과정을 마친 뒤로는 어렵다고 정평이 나 있는 황현이 쓴 한시를 번역하고 출판하느라 3년의 시간을 보냈다. 그 결과 『매천 황현 시집』 3권을 출간할 수 있었다.

출근하여 낮에는 업무가 많아 책을 볼 형편이 전혀 되지 못했다. 그래도 공부에 취미를 붙인 나는 밤에 하는 수업을 찾아 박사과정 5학기를 더 다녔다. 박사과정은 국어교육학과였다. 전공인 역사나 한문과 관련 있는 '고전 작가론 특강'이나 '중국 고대 시사 선역'과 같은 과목을 배우기도 했다. 하지만 '국어문법 교육 연구'나 '현대문학 이론 세미나'와 같은 생소한 과목도 수강했다. 이렇게 또 다른 문학 관련의 책을 읽고 공부하면서 심화학습을 거듭하여 수준을 높였다.

한편 박사과정을 다니면서 매천의 남은 한시漢詩의 초고를 정리하여 『황매천 시집 속집』과 『황매천 시집 후집』으로 출판하였다. 매천 사후死後 100주년에 맞춰 매천이 쓴 한시를 완역하겠다는 결연한 내 의지였다. 그즈음 생애에서 가장 바쁜 나날을 보냈다.

그러나 나의 체력에 한계가 왔다. 시간이 흘러가면서 몸에 이상이 생겼다. 맨 처음 '뇌하수체 종양'으로 판명받았을 때 눈앞이 캄캄했었다. 악성 뇌종양인 줄 알고 죽음을 목전에 둔 것처럼 인명재천을 탓하고 실망이 컸다. 삶을 포기할 지경에 이르렀다.

수술할 날짜가 다가오자 어떻게든지 살고 싶었다. 출간한 책에 잘못 번역된 부분이 있어 죽기 전에 수정판을 내고 싶었다. 번역해야 할 책들도 많이 있어 그만큼 생명에의 애착과 살고 싶은 소망이 간절했다. "왜 살아야 하는지 아는 사람은 어떤 어려움도 참고 견딘다."라는 니체의 말이 생각났다. 무엇보다 나치 치하의 아우슈비츠 수용소에서 살아남은 정신과 의사 빅터 프랭클(Viktor E. Frankl, 1905~1997)의 글귀가 가장 가슴에 와닿았다.

> * 인생을 두 번째로 살고 있는 것처럼 살아라. 그리고 지금 당신이 막 하려고 하는 행동이 첫 번째 인생에서 이미 그릇되게 했던, 바로 그 행동이라고 생각하라.
>
> (빅터 프랭클; 이시형 옮김, 『죽음의 수용소에서(Man's Search for meaning)』,)

윗글은 '오늘이 마지막 날, 최후의 날'이라 생각하고, 희망을 갖고 하루하루 최선의 시간을 보내라는 의미이다. 수술을 앞두고 건강에 신경을 써 좀 더 용의주도하게 살아오지 못한 나 자신을 반성하고 심히 후회했다.

조선조 이학규(李學逵, 1770~1834)의 삶도 생각이 났다. 이학규는 유복자로 태어나 외조부 이용휴와 외숙 이가환의 가르침을 받으며 성장했다. 1801년 신유박해가 일어나 남인 세력이 몰락할 때 포의布

衣(관직에 나가지 않음)로 김해에서 24년이나 유배 생활을 했다. 죽기 직전의 억울한 심정을 가상하여 토로한 글이 가슴에 성큼 다가왔다. 전에는 가볍게 생각한 글이었다.

> * 근심스러울 때에는 임종을 앞둔 사람을 떠올려 본다. 혀는 꼬부라지고 숨은 헐떡이는데, 아직도 눈은 빛을 잃지 않았고 감정은 뿌리가 끊어지지 않았다. 곁을 보니, 늙으신 부모님이 나를 부르는데, 무어라고 대꾸를 해야 하나? 착한 아내는 눈물을 삼키며 흐느껴 우는데 어떻게 부탁을 해야 하나? 자식들은 어떻게 장가보내고 시집보내며, 세간과 전답은 어떻게 처리하라고 해야 하나? 고민하는 사이 저승사자가 도착하였다. 손을 내저으며 모든 것을 포기하는 수밖에 없다.(안대회,『고전산문산책』)

늙으신 부모와 처자식을 앞에 두고 죽어야 하는 처절한 심정을 표출해 놓은 글이다. 글 속의 이학규처럼 죽어가는 내 마음과 목숨을 처자妻子도 아닌 병원의 간호사와 의사들에게 통째로 맡긴 채 수술실로 끌려 들어갔다. 톨스토이의 말처럼 "오늘 밤까지 살라. 동시에 영원히 살라.(『인생의 길』)," 그렇게 절체절명의 시간이 흘러갔다.

다행스럽게도 내 종양은 악성이 아니었다. 애당초 아내와 친지들이 나의 병을 속인 것으로 알고 있었다. 다행이었고, 수술 또한 잘 되었다. 회복 시간이 길어졌지만 지금은 몇 년째 약을 먹지 않고 있다.

간절한 소망과 열정은 절망과 고통을 행복과 기쁨으로 승화시켜 주기도 한다. 노력한 결과 뜻하는 박사학위도 받았고, 집필한 책이 세종학술도서로 선정되기도 했다. 늦게 시작했으나 이전에 살아온 것보다 더 많은 성과와 보람을 주었고, 행복을 가져다 주었다. "끝이 좋으면 모든 것이 다 좋다."라는 셰익스피어의 말이 가슴에 와닿았다.

원하는 것을 얻고도 죽음의 문턱에서 살아남았으니 얼마나 다행스러운 일인가. 공부하다 건강을 잃어 죽을 위기를 넘겼지만 사실은 무모한 큰 도박을 한 것이다.

죽고 사는 것은 한 발의 차이다. 막상 죽음의 그림자가 드리우면 지금까지 해 온 그 어떤 것도 의미가 없고 중요하지 않다. 알량한 자존심이나 다툼, 재산, 권력도 아무 소용이 없다. 그래서 "죽은 석숭(石崇, 249~300; 중국 부자의 대명사) 보다 산 돼지가 낫다."라는 이야기가 있고, 장자는 '예미도중曳尾塗中(꼬리를 진흙 속에 묻고 꼬리를 끈다는 뜻. 가난해도 마음 편히 사는 것이 좋다는 것을 비유함)'의 의미 깊은 고사를 남기지 않았던가.

지금은 지난날의 과오를 교훈으로 삼아 오늘의 내 작은 삶을 소중히 여기면서 속되지 않게 살아가고 있다. '안심입명安心立命(불성佛性을 깨닫고 생사를 초월하여 편안을 얻음)'이란 말도 있고, '지족자부知足者富(만족할 줄 아는 사람이 부자임 : 『노자』「제33장」)'라는 글도 있다. "거칠고 반찬이 없는 밥을 먹는다 해도 … 의롭지 않으면서 부

귀한 것은 나에게 뜬구름과 같다.(반소사飯疏食 … 불의이부차귀不義而富且貴 어아여부운於我如浮雲 : 『논어』「술이편」)"라는 마음으로 분수에 맞게 견결히 살아가고 있다.

'철부지급轍鮒之急이나 학철부어涸轍鮒魚(수레바퀴 자국에 괸 물에 말라 죽게 된 붕어 : 『장자』「외물편」)'의 전고典故처럼, 가장 좋은 날은 바로 지금 오늘이다. 황금보다는 소금이 중요하고, 소금보다는 지금이 더 소중하다. 그리고 내일은 소금꽃, 별꽃과도 같은 날!

또 다른 내일이 시작될 테니까…….

나의 한 줄 비문을 어떻게 써야 할까?

장수長壽는 인류의 염원이다. 우리말에도 '오복五福 가운데 수壽가 제일이다' 했다. 그런 의미에서 인간은 누구나 오래 살고 싶어하며 자기 나름의 기대 수명(life expectancy at birth)을 갖고 살아간다.

통계청에서 작성한 2030년 우리나라 기대 수명은 남녀 각각 83세, 86세라 한다. 건강수명은(Healthy Life Expectancy) 66세이다. 세계보건기구에서 작성한 기대 수명은 이것보다 조금 더 많아 한국인의 수치가 세계에서 제일 높다. 그러나 아무리 기대 수명이 높다고 해도 실제 원하는 나이만큼 살아가기 어렵다. 기대 수명은 말 그대로 오래 살아가고 싶은 희망 사항에 불과하기 때문이다.

『초사』를 쓴 굴원屈原은 그의 「고시古詩」에서, "사는 해 백 년을 채우지 못하는데(생년불만백 生年不滿百)/ 항상 천 년의 근심을 품고 있구나(상회천년우 常懷千年憂)// 낮은 짧고 고통스러운 밤은 긴데(주단

고야장 晝短苦夜長)/ 어찌 촛불 잡고 놀지 않으리오(하불병촉유 何不秉燭遊)"라 읊었다.

이백李白은 그의 시「장진주將進酒」에서, 황하의 물이 하늘에서 내려와 세차게 흘러 다시 돌아오지 않음을 아쉬워하면서 술을 권하였다. 또「춘야연도리원서春夜宴桃李園序」에서 "부생약몽 위환기하(浮生若夢 爲歡幾何; 덧없는 인생 꿈만 같아 이 세상의 즐거움이 얼마나 될까)"라 하면서 짧은 생을 아쉬워하고 봄밤에 도리원桃李園에서 연회를 베풀고 즐기며 놀았을 것이다.

사람마다 행복의 기준과 척도는 다르다. 유럽을 장악한 나폴레옹 황제는 제일의 권력자가 되었지만, 그가 살아온 52년의 전 기간에 "내 생애의 행복한 날은 단 6일밖에 되지 않았다."라고 고백한 바 있다. 그런 의미에서 권력을 장악하고 뜻을 펴고 장수한 사람이라 해서 반드시 행복한 삶을 살았다고 말할 수 없을 것 같다.

먼 역사의 뒤안길에서 선인先人들의 일생을 평가하고 있는 내용을 보면 장수하고는 관련이 없다. '사는 동안 어떻게 살았는가'의 질적인 삶과 업적, 사회에 대한 봉사와 공헌 등을 더 중시하여 시시비비를 따지고 있기 때문이다.

노자의『도덕경』에는 "죽어도 (도가) 없어지지 않은 사람은 장수長壽한다.(사이불망자수; 死而不亡者壽 :「제33장」)"라는 내용이 있다. 육체는 죽었어도 정신이 죽지 않는 사람은 영원히 살 수 있다. 우리 선인들 가운데도 좋은 평가를 받아 선명善名을 남겨 장수하는 사람들은 많다.

내가 숭모하고 있는 인물로는 이순신이나 정약용, 황현, 김구 등등이 있다. 이들은 애민愛民의 마음과 충인의忠仁義의 정신으로 염결히 살다간 우리 역사의 살아 있는 위인들이다. 창암 이삼만•, 석지 채용신••은 아름다운 예술로 우리에게 감동을 주고 있다. 왕재일•••이나 노동운동가 전태일, 민주화 운동가 박종철 등도 추앙의 인물이다. 이들은 개인의 안일보다 국가를 위해 민주화를 위해 자신을 희생함으로써 뭇사람의 귀감이 되었다. 산악인 엄홍길과 인류에게 희망을 안겨준 장애인 등반가 김홍빈, 그밖에도 좋은 일을 하다 죽은 의인, 의사자, 익명의 기부자 등도 존경스러운 사람들이다. 일일이 다 열거할 수 없다.

영국의 존 키츠(John Keats, 1795~1821)는 죽고 나서 더 오래 살아가고 있는 천재 시인이다. 떨어진 꽃잎을 보고 "눈물 짓지 마! 오 눈물 짓지 마! 꽃은 새해에도 다시 피려니.(Shed no tear! O Shed no tear! The flower will bloom another year.)"라고 읊으며 희망찬 새봄을 기약하였다. "지금은 죽기에 딱 알맞은 풍요로운 순간/ 아, 이 한밤중의 숨 멎음(「나이팅게일에게 부치는 송가; Ode to a Nightingale」)"이라 읊은 키츠는 친구 조지프 세번 앞에서 폐결핵으로 요절하고 말았다. 인생의 덧없음과 짧음, 인생의 종말이 가까워짐을 탄식하는, 마음속 깊은 심연에서 숨죽인 울부짖음이었다.(존 에반젤리스트 월시 지음; 이종인 역, 『죽기 전 100일 동안』)

"삶을 알지 못하는데, 어찌 죽음을 알 수 있으리오.(미지생 언지사; 未知生 焉知死 :『논어』「선진편」)"라는 내용처럼, 죽을 때 키츠의 나이는 불과 25세밖에 되지 않았다. 그의 묘비墓碑에는 유언에 따라 "여기 물 위에 이름을 쓴 자가 누워 있노라.(Here lies one whose name was write in water)"는 내용이 쓰여 있다.(윤명옥 옮김,『키츠시선』)

"측은지심惻隱之心 인지단야仁之端也(측은히 여기는 마음은 인의 근본), 수오지심羞惡之心 의지단야義之端也.(부끄러운 마음은 의의 근본) :『맹자』「공손추 장구」)"라 했다. 1910년 경술국치로 나라가 멸망했을 때 매천 황현黃玹은 인仁과 의義를 중시 여겨「절명시絶命詩」를 남기고 자결했다. 매천은 죽었지만 열사烈士로 남아 지금까지 죽지 않고 살아 있다.

장수하는 삶은 수기이안인修己而安人(자기를 닦아서 다른 사람을 편안하게 해 준다 :『논어』「헌문편」)의 애타적인 삶이다. "덕불고필유린德不孤必有隣(덕은 외롭지 않고 반드시 이웃이 있다 :『논어』「이인편」)"이라 했다. 또 "덕은 근본이요, 재물은 말단이다.(덕자본야 재자말야; 德者本也 財者末也. :『대학』「제10장」)" 했다. 그러므로 재물보다는 남에게 덕과 선을 베풀면서 살아가는 것이 제일 좋은 삶이다.

타인에 대한 배려와 봉사와 희생, 기부와 같은 이타적인 생활을 한 슈바이처와 간디, 데레사 수녀, 독립운동가 이석영 · 이회영 형제(신흥무관학교를 만들어 독립군을 양성함), 기업가 유일한柳一韓 등이 존경받는 이유가 바로 그러한 연유일 것이다.

평생 교육자로 살아온 내가 의당 추앙하고 있는 인물은 스위스의 교육가 페스탈로치(1746~1827)이다. 가난한 사람의 구원자요 고아의 아버지로 철저하게 아가페적 사랑을 실천한 그의 비문에는 "모든 것은 남을 위해, 나를 위해서는 아무것도 남긴 것이 없다. 축복이 있을지어다. 그의 이름 위에! (정재철 · 손인수 공저, 『교육사』)"라고 쓰여져 있다.

가치 있는 삶을 살다 죽어간, 그래서 장수하고 있는 위의 선인들의 삶을 경모敬慕하면서 나 또한 나의 영적靈的인 성장을 위해 '남은 생을 어떻게 살아가야 할까?, 나의 한 줄의 비문을 어떻게 써야 할까?'를 잠시 생각해 보았다. 하나 지금까지 남을 위해 자랑스럽게 살아온 것이 없는 나로서는 내 묘비에 쓸 것이 없다. 무자비無字碑나 백비白碑가 더 적격이다.

오직 나에게는 지금까지 허비된 인생의 나머지라도 어려운 이웃과 함께 월천공덕越川功德을 생각하면서 좀 더 웃고 좀 더 사랑하며 그들과 더불어 살아가는 삶이 더 중요할 뿐이다. 죽음은 자연으로 돌아가는 것인데 묘비 따위가 무슨 의미가 있겠는가?

• 창암 이삼만 : 조선 후기의 3대 명필로 행운유수체行雲流水體를 창안하였다. 편액 글씨로 정읍의 〈부무실富武室〉과 정읍 감곡 동래정씨 효열비각의 〈효열문孝烈門〉 등이 있다. 주련 글씨로는 갑사 진해당振海堂과 정읍 산내 노휴당 등에 전하고 있다. 정읍 감곡의 〈송경화처동래정씨지려宋慶化妻東萊鄭氏之閭〉가 있으며, 암각자로 쓴 글씨로 정읍 내장동 부무실의 〈석담石潭〉은 행서로 쓰고 하단 부분에 이삼만의 낙관을 그려 새겼다.(『한국 역대 서화가 사전』)

•• 석지 채용신 : 고종의 어진을 그린 화사로 항일투사 최익현, 임병찬, 황현, 기우만 등의 초상을 그렸으며, 만년에 정읍에서 살았다.(김영붕,『매천 황현 시와 사상』)

••• 왕재일 : 성진회를 만들어 1929년 광주학생운동의 단초를 마련하였음.(김영붕,『위의 책』)

소크라테스의 독배

— 인생길 무덤의 빛 —

중국 남조 양梁나라(502~557) 소명태자昭明太子 소통(蕭統)이 편찬한 시문집『문선文選』에, "떠난 사람 나날이 멀어지고, 오는 사람 날로 친해지네.(거자일이소 내자일이친 去者日以疎 來者日以親) :「잡시雜詩」)"라는 평범한 시구詩句가 있다. 시간이 지나갈수록 이별한 사람과는 멀어져 가고, 더구나 그 사람이 죽은 사람이라면 그 사람에 대한 기억은 흘러가는 역사의 시간 속에서 점점 빠른 속도로 잊혀갈 뿐이다. 참 명구名句라 생각된다.

그러나 아무리 사람이 죽었다고 해도 죽은 사람의 살아온 행적까지 한꺼번에 없어지지는 않는다. 후대 사람들의 입에 그가 남긴 묘비와 함께 업적의 시시비비是是非非가 오르내리고, 세월이 더 흘러가면 언젠가 뭇사람들의 기억 속에 흔적은 다 잊혀 간다. 이어지는 다음 시구가 바로 그 내용이다.

성문에 나가 보면 바로 보이는 것은

(출곽문직시 出郭門直視)

다만 언덕과 무덤이 보일 뿐

(단견구여분 但見丘與墳)

옛 무덤은 갈아엎어져 밭이 되고

(고묘리위전 古墓犁爲田)

소나무와 잣나무는 잘려 땔감이 되었네

(송백최위신 松柏摧爲薪)

적막한 옛 성곽 무덤가의 쓸쓸한 정경을 읊어 놓았다. 양나라는 55년밖에 존속되지 않은 국가였고, 불교 신자인 소통은 31세로 요절하여 그가 편찬한 위 『문선文選』의 시구처럼 그의 무덤은 논밭이 되었는지도 모른다.

국가 흥망의 유수함을 써 놓은 당 이백李白의 시도 있다. 그는 육조六朝(오 · 동진 · 송 · 제 · 양 · 진)의 고도古都인 금릉(지금의 남경시)에서, "오나라 궁전의 화초는 후미진 길에 묻혔고(오궁화초매유경 吳宮花草埋幽徑)/ 동진의 왕족 귀족들은 죽어 언덕의 흙이 되었네(진대의관성고구 晉代衣冠成古丘) : 「등금릉봉황대登金陵鳳凰臺」"라고 읊었다. 삼국 시대 오나라의 찬란한 왕궁은 불타 추초秋草가 되었다. 다음 왕조인 동진의 왕도王導나 왕희지王羲之, 그리고 명장 사안謝安, 사령운謝靈運 등 오의항烏衣巷에 살던 인걸들은 간데없고, 능은 언덕이 되어버린 인간사의 무상한 감회를 써 놓았다.

옛날에 무덤의 크기는 권력과 비례 되었다. 그렇다 해도 중국의 역대 흥망사를 보면 백제 의자왕처럼• 무덤이 없는 왕들도 있다.

춘추시대(B.C 770~B.C 403) 초楚의 영왕靈王은 반란이 일어나 굶어 죽었다. 제齊 환공桓公은 오패五霸(춘추시대의 5대 강국)의 우두머리가 되었으나 충신 관중管仲의 말을 듣지 않았다. 환관 수조竪刁가 반란을 일으킨 결과 환공은 굶주린 채 궁에 갇혀 시해되었다. 석 달이 지나도록 시신을 거두지 않아 벌레가 생겨 문밖으로 기어 나올 정도였다.(『한비자』「제10편」)

전국시대의 강국 제齊나라 마지막 왕 전건田建은 국책 실수로 싸워보지도 않고 진왕秦王 영정(=훗날 진시황)에게 항복하였다. 그 결과 압송당해 숲속에 연금된 채 굶어 죽었다.(B.C221) 살아생전 왕으로서의 권력이 있었다고 해도 이들의 죽음은 결코 좋은 죽음이 아니었다.

6국을 통일한 진시황秦始皇(재위 B.C221~B.C210)은 야심이 커 황제皇帝의 칭호를 최초로 사용한 인물이다. 사후 세계(死後 世界)를 의식해 자기 무덤을 지하 궁전처럼 크게 만들었다. 시황제는 천하를 호령하면서 만리장성을 축조하고 분서갱유로 악명을 떨쳤지만 통일한 지 11년 만에 죽고 말았다. 그가 찾던 불로장생의 불로초와 불사약을 구하지 못하고 고작 50세의 나이로 죽고 만 것이다.

환관 조고趙高는 승상 이사李斯와 함께 시황제의 맏아들 부소扶蘇

를 자결하게 한 후, 호해胡亥를 2세 황제로 즉위시켰다. 장군 몽염蒙恬을 죽이고, 이사는 거열형에 처해졌다. 호해와 조고는 황권에 위협을 주는 왕자와 공주 22명을 죽였다. 그중 사지가 찢긴 공주가 10명이었다.(왕리췬 · 홍순도 외 옮김,『진시황 강의』/ 앤팔루던 지음 · 이동진 · 윤미경 옮김,『중국황제』)

호해는 승상 조고에게 죽음을 강요당해 죽었고, 조고는 그가 내세운 진왕 자영自嬰에게 죽었다. 그나마 항우項羽가 진왕 자영과 남은 황족을 모조리 처형하고 아방궁까지 불태웠다. 진시황과 호해가 그의 자손에게 남겨 놓은 은택은 아무것도 없고 오직 죽음만 남겼을 뿐이다. 마치 세계 대제국을 건설한 알렉산더대왕이 33세의 나이로 죽고 난 후(B.C.323년) 그의 핏줄들이 모두 죽임을 당했듯이.••

두목은「아방궁부」에서 "슬프다.…진秦을 멸망시킨 것은 진이지 천하가 아니다.…진이 다시 6국 사람을 사랑하였다면 2세가 바뀌어 만세까지 이르렀을 것이니 누가 진을 멸족시켰을 것인가?"라 하였다. 인의仁義를 베풀지 않은 결과 진나라는 멸망당하고 말았던 것이다.

반면 한漢 고조 유방劉邦의 아들 문제文帝(재위 B.C 180~B.C 157)는 검소한 황제였다. 문제는 진시황의 폭정을 거울삼아 관을 도기陶器로 하고 무덤에 금은보화를 넣지 못하게 했으며 무덤의 크기를 최소화했다. 그의 아들 경제景帝(재위 B.C 157~B.C 141)도 나라의 안정을 위해 온 힘을 기울인 결과 역사에서는 이들이 통치한 40여 년을

'문경지치文景之治'라 칭송하고 있다. 근검한 생활을 한 경제는 거대한 무덤 '양릉陽陵'을 남겼으나 그래도 그의 무덤 속 병마兵馬는 진시황릉의 병마와 비교해 보면 소박하다.

오대五代 후주後周의 태조 곽위郭威(재위 951~954)는 근검하게 살았다. 그는 임종 시에 '종이로 만든 수의를 입히고 도기 관을 써서 나장裸葬해 줄 것'을 유언으로 남겼다. 그는 당나라 황제들의 묘가 대부분 도굴당했다는 사실을 알고 평민과 같은 장례를 유언했다고 한다. 아마도 죽어 자연으로 돌아가는 것이 그의 사후의 꿈이었을 것이다.

위의 역사적 사건의 몇 사례들로 보아 겉으로 드러나는 사후死後의 무덤과 같은 것은 그리 중요하지 않다. '군주는 애민愛民의 마음으로 인의仁義의 정치를 시행하였는가? 신하(집권자)는 '신민臣民을 위해 진실하게 봉사했는가?'와 같은 사실만이 인구에 회자 되며 그 업적과 칭송으로 남게 될 뿐이다.

행복한 삶의 제일의 척도는 장수長壽하는 것이다. 병상에 누워 연명 치료나 하면서 목숨을 연장하는 것보다는 짧게 살다 죽을지언정 '사지四知(하늘과 땅이 알고 그대와 내가 안다)에 부끄럽지 않게 살다 죽어간 삶이 오히려 더 좋은 삶'이라 생각한다.

소크라테스는 칼 야스퍼스에 의해 세계 4대 성인 중 한 사람으로 추앙되고 있는 인물이다. 그가 독배를 마시고, 제자 크리톤에게 "아스클레피오스에게 진 빚, 닭 한 마리를 대신 갚아 주게."라고 말하면서 죽었다. 그의 못생긴 얼굴과 달리 소크라테스는 자신을 속이지 않고 양심에 거리낌 없는 삶을 살았다. 또 그러한 죽음이 그를 세계적인 철학자로 만들었다.

나 또한 소크라테스처럼 나의 여생을 진실하고 선하게, 아름답게 살아가고 싶다. 맑은 모습으로 점잖게 늙어가고 싶다. 인생길은 무덤으로 가는 길인데…. 살다가 언젠가 가족, 친구 등 사랑하는 사람들에게 둘러싸여 "미안하다. 고맙다. 사랑한다."라는 말을 할 수 있는 편안한 임종이 될 수 있다면 참 좋은 죽음이지 않겠는가? 그러한 죽음을 꿈꾸며 이렇게 기도해 본다.

> "나 하늘로 돌아가리라./ 아름다운 이 세상 소풍 끝내는 날,/ 가서, 아름다웠더라고 말하리라…"(천상병, 「귀천」)

• 의자왕(재위 641~660)은 사치와 향락을 일삼다 나라를 멸망시킨 왕이다. 왕은 재위 20년 만에 태자 효, 왕자 융 및 대신大臣 · 장사將士 88명과 망국亡國의 불쌍한 백성 1만 2000여 명과 함께 당나라로 끌려갔다. 의자왕은 낙양에 도착하여 수일 만에 병으로 죽고, 무덤도 없는 비운의 왕이 되고 말았다.

•• 알렉산더대왕 사후 그의 후계자들의 영토분할과 권력투쟁 결과 대왕의 핏줄들은 모두 살해당하였다. 대왕의 시신은 2년여에 걸쳐 고향으로 운구되던 중 이집트를 장악한 프톨레마이오스의 손에 들어가 멤피스에 묻혔고, 훗날 알렉산드리아로 이장 되었다.(위키백과. 나무위키.)

5부

「자화상 — 매천 황현과 매미의 철학」

로키 여행 1

— 고가이버의 음악 이야기 —

여행은 가슴이 떨릴 때 한다. 아니 답답하고 허전한 마음을 달랠 길 없어 여행을 떠난다. 다른 나라 낯선 사람들의 역사와 문화를 배우고 그들과 소통하면서 나의 삶을 재고해 보는 것이다. 그것이 해외여행의 가장 큰 매력일 것이다. 그런 마음으로 우리 부부는 지난 9월 캐나다의 로키 마운틴(Rocky Moutains)을 패키지로 여행하였다.

인천 공항에서 출발한 비행기가 10여 시간 걸려 미국 시애틀 공항에 도착하였다. 미국의 입국 심사는 2001년 9 · 11테러사건 이후 강화되어 지겹게도 3시간이나 걸렸다. 입국 수속을 밟으면서 '적이 많은 나라 미국'에 대하여 생각할 기회가 저절로 생긴 것이다. 이 사건은 오사마 빈 라덴이 이끄는 이슬람의 테러집단 '알카에다'가 일으킨 것으로, 이들이 공중 납치한 비행기 두 대가 뉴욕의 110층짜리 쌍둥이 빌딩을 들이받았다. 그 결과 건물이 무너져 내려 3천여 명이 목숨을 잃었다.

10년 후 2011년 5월 2일, 빈 라덴은 미군에 의해 사살되었다. 서방 세계가 축제 분위기에 있을 때 MIT의 노암 촘스키(Noam Chomsky, 1928~) 교수는 오히려 미국 정부의 야만적인 행위를 규탄했다. 베트남전쟁 당시에도 미국의 정책을 격렬하게 비판했던 그는 9 · 11테러의 원인을 제공한 미국 정부의 위선적인 대외정책을 비판하고 나선 것이다. 촘스키는 언어학자이자 행동하는 지성인으로 활동했기 때문에 나뿐만 아니라 많은 사람들이 존경하는 인물로 그의 주장은 설득력이 있었다.

까마득히 잊힌 이 테러 사건을 회상하면서 공항을 빠져나왔다. 마중 나온 한국인 가이드의 안내에 따라 보잉사의 본점과 스타벅스 1호점이 있는 시애틀을 관광하였다. 다시 2~3시간 차를 타고 국경을 넘어 캐나다 밴쿠버(Bancouver) 부근의 호텔에 여장을 풀었다. 하지만 시차가 적응되지 않아 말똥말똥 잠을 자지 못했다.(미국의 서부 지역은 서울보다 시차가 16시간 늦다)

다음날 새로 만난 한국 출신의 가이드는 밴쿠버 '로얄투어' 소속의 고정원이란 젊은 친구였다. 그는 미남형으로 예의를 갖춰 정장 차림의 양복에다 넥타이를 매고 우리를 마중 나왔다. 고정원의 꿈은 캠핑카를 사서 대륙을 횡단하는 여행사를 차리는 것이라 했다. 자신이 가이드도 하고 드라이버도 한다는 의미에서 그 자신을 '고가이버'라 소개했다. 그는 자신을 '오지 탐험가' 내지는 '여행가'로 소개하면서 캐나다의 자연환경과 지리를 말해 주었다.

'캐나다'라는 국명國名은 인디언 말에서 유래되었다는데, '우리 마을'이란 뜻이 있다. 캐나다 지역의 로키산맥은 브리티시컬럼비아주와 앨버타주의 경계에 위치하고 있으며, 네 개의 국립공원과 세 개의 주립공원으로 이루어져 있다.

고가이버는 세계 곳곳을 다니며 풍부한 경험을 쌓았고, 다양한 직업을 가지고 있었다. 그는 그런 자신을 자랑하고 싶어 했다. 미국 여행은 물론 남미를 여행하면서 태양계의 토성을 보았고, 베트남에서는 북쪽에서 남쪽까지 종단하면서 오토바이를 타고 여행했단다. 또 인도에서는 사막에 무수히 떠 있는 찬란한 별들을 보았다고 하였다.

그는 법학을 전공했지만 육군 제3사관학교를 졸업하고 예비역 소령으로 퇴역하였다 한다. 전역 후에는 경호원 훈련 교관으로 근무하였고, 또다시 퇴직해 농협 계열사 인사팀에서도 재직했다고 한다.

여행 중에는 무료함을 달래 줄 수 있는 음악이 필요하다. 고가이버는 국내에 있을 때 '베누스토 음악인 연합회'에 참여하여 활동했고, 현재는 밴쿠버에 있는 음악클럽인 '아삽벤드'에서 트럼본을 연주하고 기타도 친다고 한다. 그는 음악을 이해하고 좋아해 여행 중에 끊임없이 로키와 어울리는 음악을 들려주었다. 그는 방송국에서 DJ로 활동해도 손색이 없을 만큼 고운 목소리를 가졌고, 표현력이 좋아 음악에 얽힌 구수한 이야기를 들려주곤 하였다.

귓가에 은은하게 울려 퍼지는/ 그대 음성 빗속으로 사라져 버려/ 때론 눈물도 흐르겠지 그리움으로/ 때론 가슴도 저리겠지 외로움으로/ 사랑했지만 그대를 사랑했지만/ 그저 이렇게 멀리서 바라볼 뿐 다가설 수 없어……

위 김광석의「사랑했지만」의 노래 가사는 사랑하는 임을 보내고 난 다음 그 연인을 잊지 못하고 있는 내용이다. 사랑하는 연인을 멀리서 바라보고 있어야만 하는, 때 묻지 않은 순수한 감정을 노래하고 있다. 이러한 사랑과 그리움을 주제로 한 노래와 시와 소설은 수없이 많다. 내가 겪은 사랑도 그러한 사랑이었다.

대학원 석사 과정에 다니면서 서양 중세 시대의 A. 단테가 쓴 장편 서사시『신곡』을 읽었다. 이탈리아 제일의 서정시인 단테는 그의 첫사랑 베아트리체를 사모하는 마음으로 자신의 감정을 이입해 이『신곡』을 썼다. 맨 처음 이 책의 첫 부분을 읽다가 이런 사실을 알고 내 가슴은 쿵쿵 뛰었다. 나 또한 10대 소년 시절에 단테처럼 첫사랑 여자친구 앞에서 말 한마디 하지 못하고 얼굴이 빨개져 수줍어했다. 또 대학을 졸업하고도 여자 하나 사귈 만한 조건이 되지 못해 사랑을 고백하고 싶은 아가씨와 헤어진 경험도 있다. 그런 경험을 겪고 난 터라 단테의『신곡』이 내 가슴속에 문득 더 가까이 다가왔던 것이다.

9월 중순의 로키는 단풍이 누런빛으로 물들어 가고 있었다. 고가이버는 때마침 가을을 맞아 빌보드 차트에 이름을 올리고 있는 방탄소년단의 노래 「가을 우체국 앞에서」를 들려주었다. "가을 우체국 앞에서 그대를 기다리다/ 노오란 은행잎이 바람에 날려가고 … 그대를 기다리다 … 날 저물도록 몰랐네"라는 가사를 가진 처음 듣는 노래였다.

고가이버는 또 "곱고 희던 그 손으로 넥타이를 매어주던 때 어렴풋이 생각나오, 여보 그때를 기억하오"로 시작되는 「어느 60대 노부부 이야기」를 들려주었다. 세상을 떠난 아내를 그리워하며 가정사를 조목조목 회상하면서 부르는, 내 나이 때 겪는 슬픈 노래였다.

사랑하면서도 사랑을 고백할 수 없는 노래를 듣고, 우체국 앞에서 날 저물도록 오지 않는 임을 기다린다는 지고지순한 사랑이 나를 아련한 옛 추억 속으로 끌어당기고 있었다. 나는 현실로 돌아와 내 영혼의 짝과 함께 어느새 60대가 되어 버린, 죽음이 성큼 다가온 나 자신을 발견하고 울컥하는 감정이 들었다.

언젠가 아내와 함께 뉴질랜드의 밀퍼드 사운드를 여행하면서 대자연의 풍광에 압도당해 감탄사를 연발하며, 아내에게 고마운 눈물을 흘린 적이 있다. 아내가 건강해 이역만리 먼 나라에 와 또다시 여행하고 있다는 사실이 참으로 감격스러웠다. 여행할 수 있도록 알뜰히 살림을 꾸려준 아내가 고마웠다. 내 눈엔 그때처럼 그렁그렁한 눈물이 가득 고여 왔다. 당 현종과 양귀비의 사랑 노래가 머릿속을 맴돌았다.

하늘에서 원컨대 (부부의 두터운 정) 비익조 되고

(상천원작비익조 上天願作比翼鳥)

땅에서는 (화목한 부부) 연리지 되리

(재지원위연리지 在地願爲連理枝)

— 백낙천白樂天,「장한가長恨歌」

생애 제일 행복한 순간이었다. 하지만 나의 이런 감정을 지금까지 아내에게 말해 보지 못했고, 감사의 눈물을 보인 적도 없다. 목석같은 사나이였다.「어느 60대 노부부 이야기」의 가사처럼 백발이 되어 우리가 머지않아 사별死別하고 난 후 저세상으로 가 행복했던 오늘의 이런 감정을 말해 볼 것인가? 해로동혈偕老同穴(함께 늙어 같은 무덤에 묻힘 :『시경』「패풍」)할 내 영혼의 반쪽을 생각하고 있으려니, 여태껏 "사랑하오. 고맙소."라고 말해 보지 못한 돌부처 같은 내가 부끄러웠다.

반면에, 아내가 참으로 부덕婦德을 지닌 고아한 천상의 여자로 보였다. 그런 아름다운 연인이 내 인생의 동반자라는 생각이 들자 지금까지 선머슴처럼 살아온 내 가슴속에 쌍무지개가 피어오르고 벅찬 감정이 용솟음쳐 올라왔다.

'이제부터라도 속 썩이지 않는 좋은 남편이 되어야지, 좋은 아버지가 되어야지…….' 하는 생각이 머릿속에서 오랫동안 떠나지 않았다.

로키 여행 2

— 고가이버의 음악 이야기 —

여행은 가 보고 싶은 곳이나 가 보지 않은 곳에 대한 기대감과 호기심을 자극하여 마음을 설레게 한다. 가슴을 울렁거리게 만든다. 역사 전공자로 '그 지역에서 어떤 일이 일어났을까?', '과연 그런 사실이 있었을까?'라는 의문을 갖고 역사의 현장을 둘러보는 것이 독서와 함께 나의 제일 큰 취미가 되었다.

로키 관광은 등산보다는 관광버스를 타고 달리다가 자연 경치가 빼어난 곳, 지구과학적으로 의미 있는 곳에서 하차하여 조망하거나 기념사진을 찍는 힐링 여행이다. 폭포나 호숫가, 또는 설상차雪上車나 케이블카를 타고 다니는 지역이 바로 그런 곳들이다.

여행하는 도중 빗방울이 비치더니 중간에 눈으로 바뀌어 내렸다. 굵은 함박눈은 심장의 맥박수를 올린다. 눈이 올 것 같지 않은 날, 웬걸 갑자기 쏟아져 내리는 로키의 함박눈을 보고 우리 일행은 "와,

와!" 하고 일제히 함성을 질러댔다.

그렇게 눈이 퍼붓고 있는 설산을 달리다가 하차한 곳은 물안개가 피어오르는 루이스 호숫가였다. 어느새 눈이 그친 호숫가는 쭉쭉 뻗어있는 가문비나무(엥겔만 스프루스 Engelmann spruce)와 전나무(슈발파인 퍼 Subalpine fir) 위로 라일락 꽃과 같은 탐스러운 눈이 수북이 쌓여 호숫가의 운치를 더해 주고 있었다.

곤돌라를 타고 올라간 산 위에서 바라보는 강 건너 계곡은 흰 눈과 흰 구름이 조화를 이뤄 조망이 멋지다. 하늘은 순간마다 변하고 비치는 햇살이 구름 사이로 그 빛과 그림자를 협곡에 투영한다. 구름 속에 휩싸인 산봉우리는 신비감을 더해 주고, 변화무쌍한 구름이 바람에 밀려 사방으로 올라간다. 봉우리가 씻기니 뭇 봉우리가 드러나고 로키의 웅장한 진면목이 펼쳐진다. 황홀경에 빠져 대자연의 풍광을 담기에 사진기의 역량마저 부족함을 느낀다.

로키는 산이 높아 그리즐리 곰이 많이 산다고 한다. 우리도 원시림 속에 노닐고 있는 야생 곰과 엘크를 보았다. 고가이버는 로키의 '베어(곰)'의 생활상을 주제로 찍은 영상을 잠시 보여 주었다. 곰 한 마리가 하루에 버펄로 베리 1톤을 먹어 치운다고 한다. 거짓말 같은 이야기로 들린다. 곰은 채식도 하지만 육식으로 연어를 먹고 겨울잠을 자기 전 산 정상 부근에 있는 수목 한계선으로 올라가 '석청'을 따먹고 잠자러 간다고 한다.

고가이버는 재스퍼 국립공원을 지나면서 「유 레즈 미 업(You Raise

Me Up)」이란 노래를 들려주었다.

When I am down and, oh my soul, so weary …

(내가 우울하고 내 영혼이 지쳐 있을 때)

You raise me up, so I can stand on mountains

(당신은 날 일으켜 줘요, 내가 산 위에 서 있을 수 있게)

You raise me up, to walk on stormy seas

(당신은 날 일으켜 줘요, 매서운 바다도 건널 수 있게)

I am strong, when I am on your shoulders

(당신에게 기대고 있을 때 난 강해져요)

You raise me up, to more than I can be

(당신은 날 일으켜 줘요, 내가 나를 넘을 수 있게)

별생각 없이 들은 이런 노래가 가끔씩 진한 감동을 주기도 한다. 가사의 내용처럼 젊은 시절에 내가 방황하고 있을 때, 아내는 허구한 날 매일 밤늦게 고주망태가 되어 돌아온 철딱서니 없는 남편을 망부석처럼 앉아 기다려 주었다. 돌이켜보면 없는 게 더 좋았을 남편이었다. 결혼하면서 언약한 백 년의 약속을 지켜본 일이 없는 것 같았다. 탕자처럼 살아온 나를, 거꾸러져 있는 나를 일으켜 세워준 아내의 덕분에 내가 사람이 되었다는 생각이 들었다. 그런 아내가 진정 나의 해어화解語花(말을 이해하는 꽃으로 미인의 별칭)였다.

차창 밖으로 펼쳐지는 산자수려山紫水麗하고 산고수명山高水明한 로키의 풍광을 보면서 위의 마틴 허켄스(Martin Hurkens)의 중후한 노래를 듣다 보니 눈물이 피잉 돌았다. 또다시 눈물이 왈칵 쏟아져 나왔다.

인생의 파토스(pathos)는 노년 시절이라 하였다. 노후에 믿을 수 있는 사람은 아내뿐. 그 아내와 함께 40년 가까이 결혼이라는 황금과 같은 동아줄에 묶여 살아왔다. 아무리 부부 일심동체라지만 8남매나 되는 복잡한 우리 집안의 궂은일 어려운 일을 앞장서서 해결하느라 억척빼기로 살아준 아내가 더없이 고마웠다. 이제부터라도 생애 하나뿐인 아내를 왕비가 아닌 중전이 아닌, 여왕으로 받들어 대접해 줘야겠다고 마음먹었다.

우리는 코퀴할라 하이웨이를 타고 다시 호프를 거쳐 밴쿠버로 돌아왔다. 로키를 며칠 다녔다고 해서 로키를 안다고 할 수 없다. 4,500㎞나 되는 로키산맥 가운데 캐나다 로키의 극히 작은 부분만 보았을 뿐이다.

그렇다고 로키만 본 것은 아니었다. 고가이버는 세계 곳곳을 여행하면서 찍은 사진을 영상으로 보여 주었다. 내가 여행하지 않은 지역이나 잘 모르는 여행 정보들을 말해 주어 눈과 귀가 참 호강하였다. 그는 1년 중 6개월만 일하고, 로키가 눈과 얼음으로 덮여 있는 10월부터는 세계 오지를 여행한다고 한다. 그렇게 돌아다니는 멋쟁이 고가이버의 자유분방한 태도와 모험심이 내 마음에 쏙 들었다.

'어찌 나는 고가이버처럼 생기발랄한 생활을 하지 못하고 지금까지 살아오고 있는 것일까?' 하는 생각이 들자 그가 부러웠다. 어쩌면 구속받지 않고 살아가고 있는 그가 진정한 한국판 맥가이버•인지도 모른다. 그에게는 도전정신과 두둑한 배짱이 있었다. 세계로 뻗어가는 한국인의 기상도 있었다. 그런 의미에서 그의 직업을 다시 평가해 본다면 그는 오지 여행가요, 음악 치료사요, 심리 치료사, 그리고 언어 치료사다.

로키를 여행하는 동안에 난 체하는 '맥가이버'와 거의 말해 보지 않았다. 하지만 그와 함께 여행하면서 마음속의 교감은 있었다. 말하자면 여행길에서 '맥가이버'와 망년지교忘年之交의 우정을 맺은 것이다.

가수 최희준은 인생을 '하숙생'으로 비유해 "떠돌다 가는 길에 정일랑 두지 말자 미련일랑 두지 말자."라 노래하였다. 그는 나와 친구도 아니요, 연인도 아니다. 이후로도 만날 가능성도 없다. 잠깐 만나 스쳐 지나가는 여행객일 뿐. 그래서 노래의 가사처럼 그에게 정이나 미련 따위를 둘 필요는 없다.

그러나 내가 아무리 목석한木石漢처럼 감정이 무디고 그를 다시 만날 수 없다 해도, 지난날의 로키의 아련한 여행을 생각하면 그는 나의 귀중한 천애지기天涯知己••와도 같은 사람이다.

여행 중 작은 순간들이 사진 속의 향기로만 남아 있다. 그 순간들이 그리워진다. 그는 그렇게 아름다운 그림으로 간직해야 할, 내 마음의 소중한 친구가 되었다. (2018년 10월 1일)

• 맥가이버는 미국 드라마의 주인공으로 '다재다능한 기술을 보유하고 있는 사람' 이란 뜻이 있다. 고가이버는 만들고 조이는 기술자는 아니지만, 감성이 풍부해 사람이 기계인 양 사람을 고치고 기름칠을 해 주는 맥가이버와 같은 부류의 사람이다. 맥가이버는 내가 로키를 여행한 후 한국으로 돌아와 이 글을 쓰면서 그에게 붙여준 별명이다.

•• '하늘 끝 저 멀리 살아도 마음에는 가까이 살고 있는 친구'를 의미한다. 중국 당나라 초기의 시인 왕발王勃의 「두소부지임촉주杜少府之任蜀州」의 시에 "이 세상에 지기의 벗이 있는 한, 저 하늘 끝도 가까운 이웃과 같다네(해내존지기 천애약비린(海內存知己 天涯若比隣)"라는 시구가 있다.

마라도기馬羅島記

태양이 작열하는 7월, 아내와 함께 목포 여객선터미널에서 0시 30분 산타루치아노 배를 타고 2박 3일 일정으로 제주도에 갔다. 그 배는 2만 4천 톤급의 큰 배지만 평일이라 그런지 승객들이 많지 않아 일반 객실은 한산했다.

객실에 누웠는가 싶었는데 사람들이 웅성거려 깨어나 보니 아침 6시, 제주항에 도착했단다. 바다 멀리 떨어진 제주항이 너무 쉽게 다가와 있었다.

한 렌터카 회사로 가서 예약한 승용차를 빌렸다. 우리의 목표는 국토 최남단에 있는 제주도濟州道 소속의 섬 마라도 여행이었다.

바닷바람이 상쾌히 불어왔다. 느긋이 차를 몰았다. 협재 해변은 젊은 시절에 신혼여행을 하면서 잠시 들렀던 곳이다. 너울거리는 파도와 바다 건너 비양도의 풍광과 깨끗한 모래사장이 참 고왔다.

제주 올레 14코스의 해안가에 내려 잠시 휴식을 취했다. 이름 모르는 야생화가 지천으로 피어 있다. 시든 들꽃이 새로 피어난 꽃들과 어우러져 한 점의 속기俗氣도 없이 자연 그대로의 풍광이 신선하게 다가왔다. 꽃은 시들어도 시든 꽃잎 나름대로 제멋의 아름다움이 있다는 것을 처음 느꼈다. 나이를 먹어가고 있는 탓인가, 하는 생각이 들었다.

모슬포항에서 노을 해안도로를 타고 가다 작은 산마루를 넘어서자, 산 모습이 툭 터진 풍광명미風光明媚한 절경으로 나타났다. 멀리 뵈는 395m의 산방산이 우뚝 솟아 보인다. 와, 하고 탄성이 절로 나왔다.

송악산 올레길에서 보이는 산방산의 기이한 모습에 취해 산이수동 유람선 매표소 부근의 호텔에 여장을 풀었다. 저녁 식사로 생선탕을 시켜 먹으면서 긴장이 풀어져 술도 한잔하였다. 우도 막걸리는 땅콩이 0.44% 들어가 값이 비싼 것이 흠이었다.

땅거미가 찾아올 무렵 해변을 거닐었다. 그런데 송악산 해안가 절벽에 일제日帝가 만들어 놓은 일오동굴이 있었다. 역사 전공자로서 눈이 번쩍 뜨였다.

제2차 세계대전 말기에 일제는 제주도를 통한 미군의 일본 상륙 침투에 대비할 목적으로 크고 작은 방어 진지 동굴을 송악산 주변에 60여 개소나 만들었다고 한다. 전에 가 본 서귀포 바닷가에도 일제가 만든 황우지 12동굴이 있었고, 서우봉과 어승생악에도 동굴진지가 있었다. 생각해보면 제주도 곳곳에 한국인을 강제동원한 전쟁의 참상과 국토가 파괴된 침묵의 역사현장을 보고 있는 것 같아 마음이 편치 못했다.

일제는 태평양전쟁 이후 제주도에 관동군 외 7만5천 명에 이르는 병력을 배치하고, 제주도 전역을 요새화하였다. 이른바 결7호작전이 바로 그것이었다. 일제는 제주 용담동에 육군 서비행장(정뜨르비행장), 조천읍에 육군동비행장(진드르비행장), 동부에 교래리비행장, 남쪽 대정 지역에 알뜨르비행장 등 4개의 비행장을 만들었다. 특히 80만 평 규모의 알뜨르 비행장을 중심으로 20여 개의 비행기 격납고, 지하 벙커, 연합군 저항 기지인 이교동 군사시설, 모슬봉 군사시설 등을 구축해 놓았다. 그 흔적이 흉물스럽게 남아 있는 모습을 보고 놀란 적이 있다.

누가 대한제국을 망하게 하여 그 결과 국토가 이렇게 유린되고 말았는가? 회고의 현장, 반성의 현장이 되었다. 생각해 보면 미국이 히로시마, 나가사키에 원폭을 투하한 결과, 한국인 4만여 명이 죽었다. 패망한 나라에서 그들의 사체 처리, 피해자 구호 등에 강제징용된 한국인 노동자들이 또다시 억울하게 동원되어 방사능과 열선 등에 노출되어 죽은 것이다. 망국인의 서러움이 바로 이런 것인가, 하는 생각이 들어 참으로 씁쓸했다.

다음날, 아침 일찍 송악산 올레길을 걸었다. 송악산의 표고는 104m밖에 되지 않지만 한 바퀴 돌아오는 올레길은 더없이 아름다웠다. 송악산은 두 차례 화산 폭발로 주봉과 작은 분화구가 생겨났고, 기생화산이 발달하여 99봉으로 되어 있다고 한다. 일찍이 청음 김상헌은 제주의 아름다움을 이렇게 칭송해 놓았다.

예부터 이 땅을 영주라 불렀고
(유래차지호영주 由來此地號瀛州)
명산을 둘러싼 바다는 다 유람할 만한 곳
(환해명산총가유 環海名山摠可遊)
……
배가 가볍게 둥둥 떠 가 신선이 된 듯
(경각표표성우화 梗覺一飄飄成羽化)
곧장 하늘을 날아 봉래산에 가리로다
(능허직욕도봉구 凌虛直欲到蓬丘)

한라산은 예로부터 삼신산의 하나로 영주산이라 하였다.(제주 성읍에 있는 영주산은 따로 있다) 위의 시는 400여 년 전 청음이 송악산이나 산방산의 절경을 돌아보고 풍광에 취해 읊지 않았나, 하는 생각이 들었다.

산이수동에서 마라도 가는 배에 몸을 실었다. 흐릿한 날씨라 시야가 좋지 않았다. 송악산과 형제섬이 멀어져 가고, 가파도를 지나 다시 우뚝 솟아 보이는 산방산이 희미해져 갈 무렵 마라도 북서쪽에 있는 자리덕 선착장에 도착하였다.

그토록 소원하던 '마라도 천연보호구역'에 드디어 왔다. 가슴이 한바탕 설레고 뛰었다. 1861년 고산자 김정호가 대동여지도를 만든 마음가짐으로 내 영혼의 뿌리를 찾아 국토의 최남단 먼 곳까지 찾아온 것이다.

마라도는 생각보다 제주도와 가까이 있다. 모슬포항에서 11km밖에 되지 않는다. 일렁거리는 푸른 파도가 선착장 해안에 있는 파식대와 해식동굴에 부딪혀 포말을 만들고 한 폭의 그림을 연출하고 있었다.

하선하여 계단을 올라가면 10여 개의 상가가 눈에 띈다. 상가를 지나 해안 쪽으로 난 올레길을 걸었다.

마라도는 바다에서 독립적으로 분화된 섬으로, 주소는 '제주특별자치도 서귀포시 대정읍 마라로 33'의 식으로 되어 있다. 섬의 면적은 0.3㎢로 고구마와 같은 형태다. 해안선의 길이는 4.2km, 최고 높은 지점의 해발은 39m밖에 되지 않는다.

조금 경사진 길을 따라 걷다 보면 마라도 해양경찰 근무소가 나오고, 그 앞 남쪽으로 국토 최남단 기념비가 세워져 있다. 여기에서 기념사진을 찍었다. 해안가에는 장군바위가 있는데 이곳이 대한민국 영토의 최남단이다. 언덕을 따라 올라가니 아름다운 마라도 성당이 있다.

마라도의 인구는 100여 명으로 점차 줄어들어 초등학교도 폐교되었다 한다. 하지만 섬에는 불교, 기독교, 천주교 등 여러 종교의 시설물들이 있다. 한마디로 갖출 것 다 갖추어진 섬이다. 성당 부근에 '마라도 항로표지 관리소'와 등대가 있다. 등대 옆에는 선인장이 자생하고 있다. 마라도에는 방풍을 비롯하여 96종의 식물이 서식한다고 하니 우리나라의 생명줄이 사람의 몸체처럼 아름답게 느껴졌다.

북동쪽에 있는 기원 돌탑을 지나면 '아기업개당'이라 불리는 할망당이 나온다. 해녀들을 안전하게 보살펴 주는 신을 모시는 곳이라 한다. 이렇게 해서 한 바퀴 돌고 나면 우리가 하선한 선착장이 나온다.

마라도의 먹거리로는 자장면이 유명하다. 자장면 파는 집이 여러 군데 있다. 우리도 휴식을 취할 겸 해물톳자장면을 시켜 먹었다. 맛이 좋다. 며칠 머물러 낚시도 하고 싶었다. 하지만 아쉽게도 이제 다시 돌아가야 할 시간이다. 관광객이 마라도에 체류할 수 있는 시간은 배편의 시간으로 보면 1시간 30분에서 2시간 정도다.

돌아오는 뱃전에 기대어 깊은 생각에 잠겼다. 불행하게도 한반도가 남북으로 분단되어 있다. 예전에 등산가들을 따라 단동을 거쳐 백두산을 등산한 적이 있다. 그 시기 한반도의 최북단 온성과 가까운 두만강 하류의 국경지대인 도문지역을 가 보았다. 압록강에서 신의주를 바라보며 뱃놀이를 하고, 두만강 다리 건너편의 북한 초소를 바라보며 사진도 찍었다. 잠시 남북한 교류가 되어 금강산과 개성에도 다녀왔다. 그때마다 통일을 염원하는 간절한 기도를 했다.

꽤 오래전 울릉도에 가면서 우리나라 가장 동쪽에 있는 독도에 가 보았다. 그 당시 접안시설이 되어 있지 않아 비록 독도 땅을 밟아 보지 못했어도, 독도를 한 바퀴 도는 동안 해양경찰이 쉴 새 없이 손을 흔들어 주어 눈물이 핑 돌았다. 기약 없이 멀어져 가는 독도를 한없이 바라보았다. 그때처럼 그렇게 마라도가 점 점 점 희미하게 멀어져 갔다.

내 소망의 하나는 단연 통일이다. 남북한이 다시 교류라도 된다면 제일 먼저 역사의 흔적을 찾아 개성을 지나 구월산 삼성사와 평양의 단군릉을 참배하고 싶다. 묘향산과 칠보산을 지나 장진호, 천지에도 가 볼 것이다.

140여 년 전 매천 황현이 금강산을 여행하면서 써놓은 기행시집紀行詩集『담풍췌묵談楓贅墨』이 있다. 일기를 곁들어 써놓은 이 기행시를 번역하면서 이 시들의 여정을 따라가며 매천의 금강산 시를 읊어볼 수 있다면 얼마나 좋을까?, 하는 생각을 한 적이 있다. 이십 년 전의 일이지만 아직도 그 꿈을 버리지 않고 있다.

할아버지 4형제 중 막내 할아버지가 일제강점기 말기에 평양에 갔다가 부근의 덕천으로 장가가 아들을 호적에 남긴 채 생사를 모르고 있다. 고인이 되었을 나이지만 어떻게 되었을까? 궁금하다. 그곳에도 가 보고 싶다. 아아, 통일의 그 날이 언제 올 것인가?

(2019년 7월 2일~4일)

매천 황현(梅泉 黃玹)과 매미의 철학

익선관 (출처 : 나무위키)

* '작가의 말'에서도 언급한바, 매미의 오덕五德만큼이나 올곧게 살아간 매천 황현 선생을 흠모하고 선생의 업적을 세상에 알리고 싶었다. 나 자신도 선생처럼 살아가고 싶었다.

이 글은 선생의 일생을 전기傳記 형태로 간략히 서술해 가면서 필자가 번역한 선생의 매미 관련 시詩를 소개, 평가하고 감상해 놓은 것이다. 따라서 수필의 형식에서 벗어난 글이기는 하지만 형식상 5부의 말미에 덧붙여 편집해 놓았다.

매미의 일생처럼 가련하게만 살았던 지난날의 내 삶을 반성하고, 다섯 가지의 덕을 가진 매미를 나 자신으로 비유해 염결히 살아가고 싶은 내 마음의 의지와 철학을 이 글에 밝혀 놓았다.

매미는 예로부터 하루살이처럼 잠깐 살다 죽어가는 일생으로 비유되어 왔다. 대략 그 과정을 살펴보면, 지상으로 나온 수컷 매미는 짝 — 암컷을 찾기 위해 소리 높여 울어댄다. 울지 못하는 암매미는 수매미와 짝짓기를 한 다음, 나무껍질에 알을 낳고 죽는다. 알에서 부화한 애벌레는 땅속으로 들어가 매미의 종류에 따라 대략 5~7년, 또는 13~17년 동안 나무뿌리나 즙 등을 먹고 자란다. 그 과정에서 숱하게 죽을 고비를 넘기면서 살아남은 성충은 지상으로 올라와 선탈蟬脫(=선세蟬蛻; 허물을 벗음)한 후 매미로 변한다. 태어난 매미는 불과 2~4주 동안 치열하게 불꽃을 태우며 살다가 죽어가는 가엾은 곤충이다. 그러므로 매미는 알에서 깨어나 죽기까지의 일생을 보면 참으로 생명에의 끈질긴 애착과 기구한 운명을 가진 생명체라 할 수 있다.

고작 80 평생을 살아가는 우리 인간의 삶도 영겁의 긴 시간으로 보면 매미처럼 잠깐 살다 죽어가는 가련한 인생일 뿐이다.

매천 황현은 1855년 광양에서 태어났다. 어려서 구례 왕씨 가문으로 유학하여 왕석보 · 왕사각 부자父子를 스승으로 삼고 문과 급제를 목표로 공부에 열중했다.

매천의 15대 선조先祖는 청백리 황희 정승이었고, 10대조는 충청병사의 직책으로 진주성 혈전에 참가하여 전사한 구국의 명장 황진 장군이었다. 또 9대조 황정열은 교동 현감을 지냈으며, 8대조 황위는 병자호란 때 남원에서 포의로 의병을 일으킨 의병장 출신으로 문과에 장원 급제한 인물이었다.

매천은 조상의 업적에 대하여 긍지를 갖고 자랑스럽게 생각했다. 황진 장군을 추모하는 「동복현同福懸」(1879년, 25세 지음)의 시와 2편의 「행장行狀」 및 『당촌집』 「발문」 등지에서 이러한 사실을 확인할 수 있다. 그러므로 매천의 '충인의忠仁義' 사상은 선대의 가통家統의 영향을 이어받았다고 할 수 있다.

어린 시절부터 매천은 가문을 일으키고 선대의 영광을 찾고자 하는 붕鵬새의 원대한 꿈이 있었다. 약관의 나이 때부터는 지리산 자락에 있는 천은사나 화엄사에서 과거 공부를 하였다. 매천은 산사에 묻혀 독서 하면서 매미 소리를 듣고 매미를 소재로 하는 여러 편의 매미 관련 시를 썼다.

석양 노을이 앞산에 가득하고

(석양만전산 夕陽滿前山)

다시 맑은 냇가 언덕을 비추네

(우조청계안 又照淸溪岸)

급하고 급하게 울고 또 울어대는 것은

(급급제부제 急急啼復啼)

응당 밤이 짧다고 그러는 거겠지

(지응위야단 知應爲夜短)

위의 시는 매천이 22세(1876년) 때 「매미(蟬)」라는 제목으로 쓴 오언절구의 시이다. 매미를 소재로 선경후정先景後情(시의 앞부분에 자연경관을 묘사하고 뒷부분에 감정이나 정서를 써 놓음)의 방법으로 작법상으로는 평기식平起式, 압운은 측성운으로 써졌다. 전구의 '급급제부제急急啼復啼'의 시구에서 보듯이, 짧은 20자로 된 한 편의 시 속에 같은 글자를 반복 사용하면서도 기승전결의 시상의 전개를 완벽하게 처리하고 있다.

시가 써진 시간적인 배경은 길고 긴 여름날 칠석 이후 해가 질 석양 무렵이다. 저녁노을이 서산에 걸쳐 있고, 다시 그 노을이 투영되어 맑은 냇가를 붉게 물들이고 있다. 매미는 죽을 날이 얼마 남지 않아 소리 높여 울어대고 있다. 다급하게 울고 또 울어대고 있는 것은 낮도 밤도 짧기 때문이다. 결구의 내용처럼 매미는 밤낮으로 살아보았자 기껏해야 한 달도 살지 못하는 가련한 운명일 뿐이다.

적막한 산속 계곡에서 매미 소리를 벗삼아 독서에 몰두하다 보면 금방 하루해가 넘어가고 말 것이다. 그러므로 위의 시는 잠깐 살아가는 우리네 인생을 매미에 비유하여 '시간은 금이다'는 교훈적인 의미를 들려준다. 또 과거 시험에 쫓겨 생활하고 있는 매천 자신의 모습을 중의적인 수법으로 읊어 놓았다.

이 시기에 망년지우忘年之友인 남파 성혜영이 매천을 찾아와 최근의 한양 소식을 전해 주었다. 성혜영은 추금 강위(秋琴 姜瑋)의 시 제자였고, 강위는 추사 김정희(秋史 金正喜)의 대표 제자로 그만큼 명성이 있었다.

조선 시대 문과 급제자의 평균 나이는 36.4세라 한다. 매천은 약관의 어린 나이인데도 한양 소식을 전해 듣고 어서 빨리 문과에 급제해 제세구민濟世救民(세상과 백성을 구제함)할 수 있기를 간절히 희망하였다. 같은 해(1876년) 매천이 쓴 「외로운 밤(獨夜)」도 이런 의미가 있는 시로 역시 매미를 소재로 하고 있다.

삼생의 겁을 선탈한 매미 소리 아득하고
(삼생세겁선성원 三生世刦蟬聲遠)
하룻밤 가을 회포로 기러기의 꿈 많아라
(일야추회안몽다 一夜秋懷雁夢多)

매미는 전생前生, 현생現生, 후생後生의 길고 긴 시간을 보낸 다음, 다시 허물을 벗고 지상으로 나와 매미가 된다. 매미의 변태 과정은 불사不死와 재생再生을 의미한다.

소리 높여 울던 매미 소리도 잦아져 아득히 멀리 들려오는 시각이다. 어둠이 찾아오고 잠 못 들어 하는 가을밤, 시인 매천은 깊은 상념에 빠져 홍곡지지鴻鵠之志의 부푼 꿈을 꾸고 있다. 높이 날아가는 기러기의 꿈을 어찌 참새 따위가 알 수 있을 것인가. 매천은 자신의 입신출세에 대한 기대와 희망찬 포부를 이 시에 밝혀 놓았다.

정조正祖 때 규장각 검서관 이덕무는 '선귤蟬橘'이란 자호自號를 썼다. 귤橘은 초나라 굴원의 「귤송橘頌」 이후 절의節義의 상징이었다. 이덕무는 그의 시에서, "평소의 내 마음은 깨끗한 매미와 향기로운 귤과 같아(결선형귤소심존 潔蟬馨橘素心存)/ 나머지 번다한 일 나는 이미 잊었노라.(여외분효아이훤 餘外紛囂我已諼)"(강국주 편역, 『이덕무선집』)라고 읊었다.

매천은 청장관 이덕무의 마음가짐으로 선탈한 '깨끗한 매미(결선潔蟬)'를 소재로 위의 시를 지은 것이다. 매천은 또 같은 해 '귤화위지橘化爲枳(귤이 회수淮水를 건너면 탱자가 됨)'의 고사를 인용하여 「귤橘」이란 시를 쓰기도 하였다.

매천은 24세(1878년) 때 도남圖南(큰 뜻을 계획함)의 뜻을 펴고자 처음으로 상경上京하였다. 이때 한양으로 올라가 그 자신이 거인巨人으로 생각하고 있던 강위姜瑋를 찾아가 시재詩才를 인정받고, 강화도조약을 체결한 향농 신정희 장군 등과도 교유하였다. 그즈음 매천은 과거 합격자 발표장에서 「문과 급제자 방 붙인 것을 보고(看文科放榜)」라는 시를 읊었다.

금방에 나붙은 그 이름 가운데
　(부지안탑류명지 不知雁塔留名地)
창생을 구제할 이 몇이나 될지 알 수 없네
　(제득창생유기인 濟得蒼生有幾人)

민중을 구제할 사람은 그의 선조 황희 정승이나 황진 장군과 같은 사람일 것이다. 하지만 '금방金榜(과거 급제자의 이름을 써서 거리에 붙이던 글)의 명단 가운데 그런 인물이 얼마나 될까'를 의심하면서 제세창생濟世蒼生할 사람은 바로 매천 그 자신임을 묵시적으로 밝혀 놓았다.

다음 해(25세) 매천은 장성으로 거유巨儒 기정진을 찾아갔다. 노사 기정진은 조선 성리학 6대가의 한 사람으로 위정척사파의 대 유학자다. 노사는 매천에게 「증황현삼수(贈黃玹三首)」의 시를 써 주었는데, 이 시에서 매천을 '지극한 보배(지보至寶)'라 높이 평가해 주었다. 크게 칭찬을 받은 매천은 '수후지주隨侯之珠(수후가 뱀을 살려준 대가로 얻은 보배로운 구슬 : 『회남자』 「남명훈」)의 은혜로 보답하겠다'는 시로 화답하였다.

26세(1880년) 때 매천은 다시 상경하였다. 청운만리 대망의 포부를 펴고자 영재 이건창을 만나러 갔으나 이건창이 벽동으로 유배를 앞두고 있어서 상면相面하지 못했다. 영재 이건창은 15세의 나이로 문과에 급제했다. 이건창은 조선 시대 문과 급제자 15,150여 명 가운데 최연소 급제자로 당대의 문단을 주도하고 있었다.

매천은 이때 호연지기를 기르기 위해 금강산을 여행하였다. 매천이 읊은 「비를 만나 출발하지 못하고 감회를 읊다(値雨不發有懷)」의 시에서, "이미 만 권의 책을 읽었으니(기이파만권 旣已破萬卷)/ 또한 사방을 돌아다닐 만하네(역가횡사방 亦可橫四方)"라 하며 용문龍門에 올라 민중을 구제할 포부를 재삼 밝혔다.

다음해(1881년) 매천은 영재 이건창을 만나 이건창의 지우知遇(재능을 알고 잘 대우함)를 받았다. 이후로 이건창은 물론 창강 김택영과도 절친한 신교神交(정신적 사귐) 관계를 맺었다.

매천은 29세(1883년) 때 소과 진사과 시험에 응시하였다. 초시 초장에 장원했으나 한미한 집안이라는 이유로 2등으로 내리쳐진 후 끝내 낙방하였다. 이런 경험을 겪고 난 후 매천은 부패한 과거 시험에 실망하여 출사出仕(벼슬에 나감)하지 않기로 마음먹었다. 하지만 과거 합격에 대한 부모의 간절한 소망을 뿌리치지 못하고, 34세(1888년)때 소과의 생원과에 응시하여 복시 예과에 1등 제2인으로 합격하였다. 장원한 후 나귀를 타고 구례로 낙향하면서 문과 급제를 포기하고 은사隱士로 살아갈 것을 맹서하였다.

매천은 염량세태炎涼世態(세속의 형편)의 현실이 자기 뜻과 부합되지 않아 비위가 상했다. 매관매직이 만연되어 귀국광인鬼國狂人들이 춤추는 나라에서 설령 출사를 한다 해도 뜻을 펴지 못할 것을 알고 문과 급제의 뜻을 버렸다.

은일隱逸의 뜻을 굳힌 매천은 구례 간전면 만수동에 서당을 열고 학생을 가르치는 초라한 선비가 되었다. 1887년 박정양朴定陽이 주미전권공사로 부임해 갈 때 이건창이 매천을 수행원으로 추천했으나 거절한 것도 그즈음이었다.

매천은 이렇게 두메산골 오지에 묻혀 독서에 몰두하면서 이건창의 평가처럼 걸사傑士(뛰어난 선비)로 10년을 살았다.

43세(1897년) 때 「방옹(육유) 시를 차운하다(次放翁韻)」의 제4수에서, “태아에서 나와 흰옷을 입으면 학이 되지만(태이호의방시학 胎已皓衣方是鶴)/ 허물 벗었다 하여 곧 매미가 되는 것은 아니네(세여허각변비선 蛻餘虛殼便非蟬)”라고 읊었다. 중국 서진의 육사룡陸士龍은 그의 「한선부寒蟬賦」에서 매미가 지닌 다섯 가지의 덕 ‘학문, 청렴, 염치, 검소, 신의(문 · 청 · 렴 · 검 · 신; 文 · 淸 · 廉 · 儉 · 信)’에 대하여 써 놓았다. 매천 또한 이 시에서 매미에게는 오덕五德이 있고, 이 덕의 실천이 그리 쉽지 않다는 사실을 비유해 놓은 것이다.

매천은 다음해(44세, 1898년) 칠언율시 2수와 오언율시 1수로 된, 「유월 스무날에 금사 성주가 술을 준비해 놓고 천은사에서 나를 불러 수레를 빨리 몰아갔다. 이산, 해학, 소천도 와 함께 읊다(六月二十日, 錦士城主置酒泉隱士, 見招余, 輿疾赴之, 二山海鶴小川亦至, 共賦)」의 시를 지었다.

시작詩作의 배경을 보면 120여 년 전 당시의 구례군수 금사 박항래가 지리산 천은사에서 주안상을 마련해 놓고 매천 황현, 이산 유제양, 해학 이기, 소천 왕사찬 등을 초청하였다. 매천은 이들과 절친했다. 박항래는 선정善政을 베풀고 있는 성주城主로 매천과 뜻이 맞아 가까이 지내고 있는 사이였다. 유제양은 호남의 거부로 알려진 운조루의 주인공이고, 김제 출신 이기는 패왕을 보필할 만한 인물로 훗날 애국 계몽운동가로 독립투사로 왕성하게 활동한 인물이다.• 왕사찬은 매천이 인정한 시인으로 매천의 스승 왕사각의 동생이자 사우師友(스승이자 친구)였다. 적어도 7~8세 이상 나이가 많은 이 쟁쟁한 호남의 명사들이 모인 자리에 매천이 동석한 것이다.

이 시의 첫수에서, "한번 소리 질러 나귀 몰아 명산 길로 들어서고(일성여입명산로 一聲驪入名山路)/ 오색 구름은 여러 불천佛天으로 날아드네(오색운비제불천 五色雲飛諸佛天)//…철 늦은 매미는 이미 새로 서늘한 뜻 있어(만선이유신량의 晩蟬已有新凉意)/ 인간 세상에 머리 돌려 세월을 감상케 하네(회수인간감세년 回首人間感歲年)"라고 읊었다.

시의 내용은 나귀를 몰아 천은사에 도착하는 과정을 써놓고 전쟁이 휩쓸고 지나간 다음의 산사의 평화로운 서경을 읊어 놓았다. '철 늦은 매미가 새로 서늘한 뜻이 있다'는 시구는 초로初老의 매천 자신을 매미에 비유한 것으로, 매천이 당대의 역사 『매천야록』, 『오하기문梧下記聞』 등의 기록에 몰두하고 있다는 의미가 내포되어 있다.

이 시를 쓸 즈음 몇 년 동안 격동의 시간이 흘러갔다. 1894년에 갑오동학농민전쟁이 일어났지만 관군과 일본군에 의해 진압되어 그 후유증이 컸다. 이어 청일전쟁과 명성황후 시해와 아관파천이 잇달아 일어났다. 연거푸 일어난 전쟁과 을미의병이 일어나 조선의 산하山河는 폐허가 되어버렸다. 청과 일본과 러시아가 조선을 놓고 각축을 벌이는 국제정세 속에서, 매천은 사람들이 많이 모인 곳을 찾아다니며 경험 많은 노인의 말을 듣기도 하고, 관청을 찾아가 사료史料

를 모으고 현장을 답사하며 역사책을 쓰고 있었다. 천은사에 당도하면서 지나온 무상한 세월과 일어난 역사적 사건을 회고하고 시간의 빠름을 감지하였다. 이어서 쓴 제2수의 전문이다.

한번 길게 울어 푸른 구름 끌고 지나가니
(일성성알벽운과 一聲聲戞碧雲過)
어리석은 귀머거리 다 듣지 못할까 걱정이 되네
(사환치롱미진개 似患痴聾未盡開)

지는 햇빛 서늘하게 비춰 귀밑머리 재촉하고
(낙조령연최빈발 落照泠然催鬢髮)
한 많은 이 몸은 누대에 오르지 못할까 시름겹네
(한인종차폐루대 恨人從此廢樓臺)

하늘을 주름잡는 장생술이 있는지
(빙허유부장생술 憑虛有否長生術)
세상 울리는 실용 있는 선비는 많지 않네
(명세다비실용재 鳴世多非實用才)

온 세상 적막할 때 나 홀로 빙긋 웃어보며
(만뢰료료성독소 萬籟寥寥成獨笑)

산 늙은이의 두 귀는 일찍부터 깨어 있었네

(산옹쌍이조성래 山翁雙耳早醒來)

시인 매천은 위의 시에서 시제詩題와 시구에 '선蟬(매미)'자를 쓰지 않고 매미를 소재로 시를 써 놓았다. 이해를 돕기 위해 시 끝에 두 글자 "매미를 읊다(영선咏蟬)"를 부기해 놓았을 뿐이다. 하지만 위의 매미 시詩는 상징법, 은유법 등이 함께 쓰이고 있어 난해하다. 행간의 의미는 함축적이고 풍자적이라 분석하고 풀어 설명해야 이해할 수 있다.

수련에서, '부딪쳐 길게 우는 소리(일성성알 一聲聲戞)'는 매미 소리이다. 녹음이 짙은 한여름 음력 6월에 지리산 속의 매미는 요란하게 울어대고 있다. 하지만 시인은 귀머거리인 양 매미 우는 소리조차 듣지 못할까, 걱정이다. 매미는 본받을 점이 많이 있는 곤충으로 단순한 매미 소리가 아니기 때문이다.

매미의 머리 부분은 관의 끈이 늘어진 형상이므로 문文(학문)이 있고, 오로지 맑은 이슬만 먹고 살아가므로 맑고 깨끗한 청淸(청렴)이 있다. 사람이 먹는 곡식을 먹지 않아 염廉(염치)이 있고, 집을 짓지 않고 나무 그늘에서 살아 검儉(검소)이 있으며, 철에 맞추어 허물을 벗고 울며 절도를 지켜 신信(신의)이 있다.(『한국문화상징사전』) 이처럼 매미는 다른 동물에 없는 다섯 가지의 덕을 가지고 있다.

임금이 곤룡포를 입고 정사를 돌볼 때 머리에 익선관翼蟬冠을 썼다. 익선관은 매미 날개 모양의 소각小角 2개가 위쪽으로 향해 달려 있다. 익선관의 관모를 매미의 날개 형태로 장식하여 이슬만 먹고 살아가는 매미의 결백을 본받아 정사를 돌보라는 의미가 있다. 또한 매미는 신선神仙을 상징하기도 하고 청빈한 선비를 지칭하기도 하였다.

중국의 삼국 시대 「칠보시七步詩」로 유명한, 조조의 아들 조식은 매미를 소재로 「선부蟬賦」를 남겼다. 위의 매천 시에 나오는 매미와 매미 소리를 이해하기 위해 조식의 「선부」를 살펴보아야 한다.

> 무릇 매미는 청결한 것으로 그 부류는 땅속에 숨어 있다. 양기가 성한 한여름이 되면, 비로소 향기 나는 숲에서 노닐고 즐긴다. 정말로 담박하고 욕심이 없어 홀로 즐거워하여 길게 울어댄다. 소리는 높으면서 차츰 격하게 되어 지조 있는 선비의 강직한 마음과 비슷하다.(가와이고죠川合康三; 심경호 옮김, 『중국 고전시, 계보의 시학』)

조식은 이 「선부」에서 "매미는 청결할 뿐만 아니라 담박하고 욕심이 없어 홀로 즐거워하면서 울어대기에 고사高士가 지닌 절조와 비슷하다."라고 하였다. 일본의 가와이고죠(川合康三)는 조식의 이 「선부」에 나오는 매미에 대해 다음과 같은 내용을 덧붙여 설명하고 있다.

> 예로부터 매미는 이슬밖에 입에 대지 않는 담박하고 무욕한 그 성격이 '정사貞士(올곧은 선비)의 개심介心(깨끗한 마음)'에 비유되었다. 즉 매미의 고결한 삶을 묘사하여 사대부 정신의 존재 방식을 나타냈다. 하지만 매미는 야외에서는 황작, 사마귀, 거미, 풀벌레의 공격을 받고, 그물에 걸려 요리되고 만다. 이후로 매미의 부 혹은 매미를 노래한 시에서 작가가 매미에게 자신의 모습을 가탁한 경우에는 단지 고결한 까닭에 학대받을 수밖에 없는 패자의 비애와 한탄을 수반한다. (가와이고죠川合康三; 심경호 옮김, 『중국 고전시, 계보의 시학』)

예로부터 매미는 욕심이 없고 담박하여 정사貞士의 깨끗한 마음으로 비유되었다. 천은사에서 매미 소리를 듣고 읊은 위의 시에 나오는 매미는 조식의 「선부」나 인용한 가와이고죠의 글에 나오는 매미의 형상과 같다. 매천은 고매한 성품의 소유자였기 때문에 오히려 관직에 나가 대망大望의 뜻을 펴지 못하고, 외롭게 은사隱士로 살아가고 있는 비감悲感을 매미에 가탁하여 이 시구를 써놓았다.

함련에서 매천은 쓸쓸히 낙조가 떨어지고 흰 머리가 희끗희끗 귀밑털을 재촉하고 나이만 먹었다는 생각이 든다. 한 많은 매천은 누대를 버리고 다시 오르고 싶지 않다. 모처럼 천하의 명사들이 모여 있는 술좌석에 매천은 함께 하지 못하고 격隔이 있는 고독한 심회를 읊어 놓았다.

경련에서 매천은 "늙지 않고 오래 살아갈 수 있는 장생長生의 술법이 있는가?"를 물었다. 장생술이 있다면 창생을 구제할 인물이 되고 싶다. 국가의 기강이 뿌리채 흔들려 자나 깨나 국가의 장래를 염려하며 살아온 매천이었다. 그러나 조정에는 난국亂國을 타개할 이건창과 같은 쓸만한 인물은 거의 없다.** 매천은 그 자신이 오히려 민중을 구제할 적임자라 생각하고 있었다. 매천을 평가한 다음과 같은 글이 이런 사실을 말해 준다.

"매천은 구류九類 백가百家에 통하지 않는 것이 없었고, 사적史籍과 병형兵刑(군사나 형벌) 전곡錢穀(돈과 곡식)에 능하였다. 경제를 자기 책무인 것처럼 여겼으며 서양의 이용후생의 학술에도 마음을 두어 당세의 어려움을 구하려는 생각을 가졌다.(영해 박문호,「매천황공묘표」/ 화개 김택영,「매천본전」)"라는 내용이 바로 그것이다.

윗글처럼 매천은 나라를 제도할 경세지사經世之士의 재주가 있는데도 정치에 참여치 못하고 살아왔다. 구례의 원님 금사 박항래처럼 벼슬길에 오르지 못했고, 그렇다고 해학 이기처럼 선뜻 경세가經世家(세상을 다스려 나가는 사람)로 나서지도 못하였다. 어느새 불혹不惑의 나이를 훌쩍 넘겨버린 시인 자신의 쓸쓸한 감정을 이 시구에 토로해 놓았다.

매천은 종족 간에 화목하고 이웃을 사랑하였다. 아전의 과세 횡포에 대해 또 다른 원님에게는 2번이나 항의를 하는 등 구례 군민을 대변하는 역할자로 인기가 높았다. 농민의 편에 서서 항상 약자를 돕는 민본사상과 정의감이 있었다. 매천의 인성은 '자기를 닦고 수양하여 다른 사람과 백성을 편안하게 한다'는 '수기이안인修己以安人'이나 '수기이안백성修己以安百姓(『논어』「헌문편」)'과 같은 이타심이 있었다. 하지만 매천은 창생을 구제하지 못하고 도연명이나 완적阮籍을 흠모하면서 청빈하게 살았다.

마지막 시구에서는 "산속 늙은이의 두 귀는 일찍부터 깨어 있었네.(산옹쌍이조성래 山翁雙耳早醒來)"라고 읊으며, 매천은 매미 소리 그치고 온갖 소리 적막할 때 가섭만이 웃었다는 '염화시중拈華示衆'의 의미를 깨닫고 있었다고 하였다. 부귀와 권력을 버리고 매미처럼 산림 속에서 자유롭게 노닐면서 고사高士로서의 절조를 굽히지 않고 살아가겠다는 의지를 재삼 밝힌 것이다. 구례군수 박항래가 성균관에서 실시하는 박사 시험에 응시하도록 권고했는데 거절한 것도 그즈음이었다.

그 후 매천은 문학文學의 대관大官이자 세도 당당한, 학부대신學部大臣을 지낸 신기선(申箕善, 1851~1909)이나 이도재(李道宰, 1848~1909) 등의 출사 요구를 단호히 거절하였다. 명예를 좇아 자신을 잃는 자는 선비가 아니라는 사실을 알았기 때문이다. 매천은 오로지 지리산 산골에서 거사居士로 지조를 지켰다. 농사를 지으면서 독서하고, 학생을 가르치면서 한 점 부끄러움 없이 살았다.

"벼슬자리는 세도가를 통해 얻고, 봉록은 뇌물에 따라 받는다면 나라는 망할 것이다.(『한비자』「제15편 망징亡徵」)"라 하였다. 매천은 매관매직이 성행되어 나라 망할 징조가 있다는 사실을 일찍부터 직시해 왔다. 매천은 그 자신이 당대의 역사『매천야록』을 기록해가고 있었기 때문에 국권 상실의 과정과 내용을 누구보다 잘 알고 있었다. 특히 을사늑약 이후로 '나라 망할까'를 노심초사하고, 국권 회복을 열망하면서 살았다.

보은 출신의 큰 학자 호산 박문호朴文鎬가 "매천이 비록 전야에서 처사로 지냈지만 임금을 사랑하고 국가를 걱정하는 '애군우국愛君憂國'의 마음이 얼굴빛과 말에 나타나 넘쳐흘렀다.(「매천황공묘표」)"라고 평가해 놓은 것도 이러한 사실을 말해 주고 있다.

1909년 황사중 · 한규순 등이 이끄는 호남의병은 패멸 되었다. 마침내 1910년 한일병합조약의 체결로 나라는 멸망당하였다. 매천은 선비로서의 책임과 치욕스러움에 통분하여 칠언절구 4수의「절명시絶命詩」를 남기고 자결하였다. 처변삼사處變三事 가운데 자정수지自靖遂志를 택하여 절사節士로 일제에 항거한 것이다.

이「절명시」의 제3수에서 "가을 등불 아래 책 덮고 오랜 역사 되새기니(추등엄권회천고 秋燈掩卷懷千古)/ 글 아는 선비답게 행세하기 어렵도다.(난작인간식자인 難作人間識字人)"라고 읊었다. 지식이 인격과 단절될 때 그 지식인은 위선자가 되어 매국 행위를 서슴없이 하게 된다. 매천은 이 시구에서 어용 지식인이 아닌 참 지성인의 역할의 어려움을 호소하고 국가 멸망과정을 지켜보면서 인의仁義롭게만 살아온 자신을 반성하고 후회하였다.

"진정한 지성인은 부패를 비난하고, 약자를 옹호하고, 불완전하고 억압적인 권위에 도전할 때 지성인의 모습을 갖는다.(에드워드 W. 사이드,『권력과 지성인』)"라 하였다. 당대를 대표하는 지성인 매천과 같은 인물을 두고 한 말이다.

매천은 한양과 거리가 먼 지리산 자락의 구례 오지에 살면서 단 하루도 관직에 나간 적이 없었다. 그런데도 그의 「오십오세소영자찬五十五歲小影自讚」(1909)이나 「절명시」 제4수에서, 나라를 위해 작은 공을 세우지 못했다고 자신을 질책하였다. 또 진동陳東(중국 송나라 흠종 때 금金과 내통한 간신 6명을 주살하라고 상소하여 죽임을 당했음)처럼 상소하지 않아 국가의 멸망을 막지 못했다고 하면서 나라 멸망을 자기 혼자만의 책임인 양 부끄럽게 생각하였다.

매천은 국망에 이르러 무용지물의 진부한 학문 '성리학'을 배워 일제의 침략에 총칼을 들고 대항하지 못하고 있는 자신의 신세를 한탄하였다. 그러한 시를 매천은 이전에도 여섯 차례나 써놓고 자신을 책망하면서 국가의 장래를 염려한 우국지사憂國之士였다.••• 그 밖에도 매천은 평생에 걸쳐 많은 우국시를 썼다. 일제에 항거하여 자결한 독립운동가로 조선조 제일의 애국 시인이었다.

한말韓末의 사학자이자 문장가인 창강 김택영은 매천의 시문집을 발간하면서 매천의 시문과 충절忠節에 대하여 다음과 같이 평가해 놓았다.

> 황현의 문장은 맑고 뛰어나고 서리하며, 그의 시는 더욱 우뚝 솟아 우리나라의 명가名家가 되었다. 황현 시는 조선조 500년에 있어서 몇 손가락 안에 꼽힌다. 그의 십절도시十絶圖詩는 더욱더 아름다우니 피맺힌 충성심忠誠心에서 흘러나온 것이기에 기교를 부리지 않아도 자연히 잘 된 것이다. 비단옷 위에 양가죽 옷을 더한 것과 같으므로 비록 어린아이라도 그 아름다움을 알 것이다. 황현은 뛰어난 문장에 높은 절개를 더하니, 그 빛이 백세百世에 드리울 것을 어찌 의심하겠는가.(「성균생원황현전」)

창강은 '매천의 문장은 맑고 서리하며 뛰어나다' 하였다. 또 '매천 시는 조선조 500년에 있어서 몇 손가락 안에 꼽힌다.' 하면서 명가로 높이 평가하였다.[••••]

매천은 살아생전에 이미 석정 이정직, 해학 이기와 함께 호남삼걸로 이름이 높았다. 훗날 일제강점기에 조선 후기 3대시인으로 신사가新四家로 추앙받았다.[•••••]

제세구민과 겸선천하兼善天下(천하 사람들의 행복을 위해 좋은 일을 함)를 꿈꾸었던 매천은 대은大隱(산중에 사는 은자가 소은小隱이라면 대은은 하층 민중과 섞여 사는 은자임)의 선비로, 사학자로, 문학가 시인으로, 애국 계몽운동가로, 독립열사로 살다 간 조선 왕조의 마지막 참 스승이었다.

매미의 오덕五德 만큼이나 깨끗한 삶을 살았던 황현 열사처럼 내 삶도 철학도 올곧게 살아가고 싶었다. 그러나 나의 현실은 언제나 그렇지 못했다.

매미의 유충이 살아남기 위해 땅속에서 온갖 어려움을 겪고 지상에 나오듯이, 내 청춘은 숱한 부침浮沈 속에서 간난한 세월을 살아왔다. 바쁜 직장생활로 독선기신獨善其身(자기 수양에 힘씀) 하지 못했고, 그렇다고 명철보신明哲保身(사리에 밝아 자신을 잘 보전함) 한 것도 아니었다. 맡은 업무에 대한 책임감이 강하고 우직하여 가장으로 가족을 위해 살아오지 못했다. 명리名利에 관심이 없는 데다 술수도 없어 소위 '운칠기삼運七技三(운이 칠 할이고 노력이 삼 할)'의 행운을 기대하지도 못하고 살아왔다.

돌이켜 생각해 보면 그래도 나에게 조금은 위안이 되는 것들이 있었다. 20여 년 동안 참여연대에서, 장애인학교에서 봉사활동을 해왔기 때문이다. 그러나 얄팍한 유사이타심類似利他心과 같은 활동으로 생각되어 오히려 나 자신을 속이고 살아왔다는 생각이 든다. 때론 추수가 지난 후 텅 빈 들녘의 스산한 논밭을 보는 것처럼, 흠결투성이로 살아온 나를 쓸쓸하게 만들고 슬프게 한다. 양심에 거리낌 없는 생활을 해 왔다는 생각이 들기도 하지만 그렇다고 적극적으로 어려운 이웃을 위해 살아오지 못했다.

매미에 비유해 보면 이제 나의 삶은 한 달도 남아 있지 않다. 지상으로 나온 매미가 짧은 기간 치열하게 살아가듯이, 나 또한 나의 여생을 큰 욕심 없이 담박한 마음으로 살아가고 싶다. 다만 지난날보다는 의미와 가치 있는 일에 시간을 투자해야 한다. 흐트러진 자세와 팔자걸음이 아닌 바른 자세와 바른 걸음을 걸어가야 한다. 하찮은 곤충 매미보다는 그래도 좀 더 나은 삶을 살아가야 하지 않겠는가!

• 매천은 1900년에 쓴 그의 시 「이해학 기(李海鶴沂)」에서, 지기知己인 해학 이기를 '기상이 크기로는 두목이요, 비장하기로는 진동보라. 글 잘하는 솜씨 자랑하기를 꺼려하였고, 높은 담론은 패왕을 보필할 만했다'로 평가해 놓았다.

이기는 나인영의 단군교 창립발기에 참여하였으며, 1909년 국권 상실을 비관하여 자결 순국하였다.(김영붕, 『역주 매천 황현 시집; 중권』)

•• 청백리로 이름을 떨친 매천의 지음知音 이건창은 1896년 해주관찰사를 사퇴하고 취임하지 않다가 고군산도로 유배되었다. 그 뒤 풀러나 고향 강화로 돌아가 있었다. 매천이 위의 시를 쓰기 이틀 전 이건창은 1898년 6월 18일에 타계하였다. 나중에 매천은 이건창의 사망 소식을 듣고, 눈물을 줄줄 흘리면서 그를 애도하는 조만시 8수와 제문을 지었다.

••• 이 내용은 매천이 1895년, 1896년(2번), 1897년, 1907년, 1908년 쓴 시에 있다.(이병기 · 김영붕 공역, 『매천 황현 시집(하권)』, 보고사, 2007, 453쪽 참조.)

•••• 「성균생원황현전」은 창강이 매천의 시문집 『매천집』을 1911년 상해에서 출간하면서 『매천집』 앞에 써놓은 글이다. 발간된 『매천집』의 시들은 일제를 비난하는 내용이 많아 아쉽게도 국내에 들여온 450부 가운데 200여 부가 일경에게 압수당했다. 이보다 앞서 중국의 사상가이자 북경대학교 초대 교장을 지낸 엄복嚴復은 매천의 글을 보고, 명말 청초 때 고문古文 삼대가인 위빙숙魏氷叔(위희)이나 후조종候朝宗(후방역)과 겨룰 수 있다고 평가하였다.

••••• 1900년에 매천이 쓴 시 「과최신재유허過崔新齋遺墟」에서, "호남지방의 삼걸은 나와 허물없는 사이지만(호남삼걸오무간 湖南三傑吾無間)/ 기묘년의 제현들을 쉽게 논하지 못하네(기묘제현미이론己卯諸賢未易論) : 김영붕, 『역주황매천시집』, 보고사, 2010, 325쪽.)"라 하였다.

김태준金台俊은 1931년에 쓴 그의 저서에서 "최근의 시를 말하는 자, 손가락을 꼽으면 강위, 황현, 김택영을 삼가三家로 꼽는다."라 하였다.(김태준 저 · 최영성 역, 『조선한문학사』) 신사가新四家는 이 삼가에다 이건창을 포함하여 부르는 칭호이다.

소붕약전(小鵬 略傳)

— 우한용禹漢鎔(소설가, 서울대 명예 교수)

*「이야기가 있는 서평」은 김영붕의 살아온 삶을 '약전(略傳)'의 형태로 써놓은 실명實名 소설이다. 본 소설에서 소제목 앞에 써 놓은 글은 소설의 이해를 돕기 위해 작가의 양해를 얻어 필자가 보조 설명해 놓은 것이다.

작가는 이 소설에서 필자의 일생과 걸어 온 길을 여섯 개의 소제목으로 나눠서 써 놓았다.

*「이야기가 있는 서평」의 등장인물

○ 소붕 : 본 자전적 수필을 쓴 저자 김영붕의 별명. 별칭은 운산雲山. 패성대학沛城大學에서 석 · 박사학위를 받았음.

패성沛城은 전주성全州城을 의미하며, 전주의 풍남문豐南門과 객사의 현판에 써진 '풍패지관豐沛之館'은 조선 왕조의 발상지를 의미함.

○ 현장 : 패성대학 교수를 거쳐 S대학 교수를 지내고 퇴임하였으며, 본 소설 「소붕 약전」을 쓴 작가.

○ 보운 : 현장의 아들 현경의 애인.

○ 고평만 박사 : 소붕의 박사 논문 「황매천 시문학 연구」의 지도교수로 소붕 부부, 윤대설 부부와 함께 캐나다 로키산 관광에 참여함.

○ 장한걸 : 정년을 앞두고 있는 패성대학 교수.

○ 이엉마루 : 소붕의 석사 논문 「황현 시 연구」 지도교수. 호는 기악. 별명은 노상 독서 또는 수석(수불석권). 학술 도서로 『매천시 연구』, 『한시작법』 등이 있고, 수필집 『큰 웃음은 소리 나지 않는다』와 시문집 『모악산』, 시집 『석류초』, 『백송』 등 8권이 있음.

○ 윤대설 : 소붕의 친구로 한문을 전공함. 그의 처는 패성에서 식당을 다섯 개나 운영하고 있는 맹렬 여성임.

1. 우중산과락雨中山果落

* ‘빗속에 산속의 열매가 떨어지다’라는 의미이다. 소설에서 발단 단계로, 현장이 퇴직 후 시집 『산과집山果集』을 출간하려 하면서 당나라 왕유(王維)가 쓴 이 시구를 떠올린다.

사랑에 실패하고 혈압이 높아진 현장에게 의사는 술 먹지 말라고 한다. 실망한 현장은 마침 운산에서 유유자적하게 살아가는 소붕이 보내온 엽서를 읽으면서 소붕에게 관심을 갖는다.

바야흐로 가을이었다. 하늘은 높이 개어 올라가고 바람은 서늘하게 옷섶을 파고들었다. 떡갈나무가 황동 빛으로 물들어 가기 시작했다. 현란한 저녁놀이 꼬리를 끌면서 산 너머로 주저앉자 하늘에 구름이 몰려들었다. 이어서 파초 이파리에 빗방울이 후둑거리기 시작했다.

현장은 시집 낼 원고를 들춰 보았다. 세 번째 시집을 낸 이후 다섯 해가 지났다. 앞으로 시를 얼마나 더 쓸 수 있을까, 의문이 들었다. 머리를 긁적거렸다. 책상 위에 흰 머리털이 두어 가닥 떨어져 내렸다. 벽시계를 쳐다봤다. 어느 사이 열 시가 지나 열한 시로 다가서는 중이었다. 현장이 잠자리에 들 시간이었다. 눈이 뻑뻑해서 안약을 넣었다. 창밖으로 조용한 가운데 안개비가 내리고 있었다. 투욱 투욱 도토리인지 밤인지 땅바닥으로 떨어지는 소리가 들렸다. 현장은 귀를 세우고 바깥에서 나는 소리를 들었다. 풀벌레 소리가 아득하게 비 젖은 시간을 감아내고 있었다.

가을은 산 열매 떨어지는 소리와 함께 깊어간다. 그래서 시집 이름을 『산과집山果集』이라 하기로 하고, 혹시 누가 같은 이름을 쓴 적이 없는가, 찾아보는 중에 시불詩佛이라 불리는 당나라 왕유王維의 '추야독좌秋夜獨坐(가을밤에 혼자 앉아서)'라는 시가 떠올랐다. 소동파라는 시인이 그의 시를 두고, '시 가운데 그림이 있고, 그림 속에 시가 있다.'라고 평한 게 한 획도 틀린 데가 없다는 생각이 들었다.

며칠 전에 운산雲山이 보내온 엽서가 아직 책상 위에 그대로 놓여 있었다. 운산의 본래 이름은 김영붕金榮鵬이다. 글자 그대로 새기면 영화로운 붕새 또는 꽃이 만발한 화원 속의 붕새라는 뜻이다. 그런데 그는 체구가 작았다. 해서 현장은 그를 소붕小鵬이라 부르곤 했다. 현장이 소붕을 생각하는 까닭은 다른 데 있었다.

정년을 앞둔 현장에게 아래 연배의 교수들이 물었다. '정년 하고 나면 무얼 하고 지낼 것이냐'와 같은 질문들을 해왔다. 현장은 어깃장을 놓는 식으로 대답했다. 자기 직장의 완고한 도덕률 때문에 해보지 못한 '사랑을 하겠다.'는 게 하나였다. 동료들은 피식거리며 웃었다. 다른 하나는 '술 받아먹을 돈을 유념해 둔다.'는 것이었다.

"술값을 따로 떼어놓는다면, 현장이 술을 얼마나 마실 건데……?"

동료 교수들이 가소롭다는 듯이 웃었다. 그러면서 마누라 몰래 얼마를 떼어놓을 것인가 물었다.

"십 년 잡고, 한 오륙천은 떼 두어야 하지 않겠소?"

동료들은 또 웃었다. 너무 많다는 뜻인지, 약소하다는 뜻인지는 알 수 없었다. 그런데 정년하고 나서 현장의 계획은 다 틀어지고 말았다. 유행가 투로 돌아갔다. '사랑은 아무나 하나' 그런 식이었다.

한강 둔치 능수버들 아래에서 만난 중년 여인은 현장이 시인으로 등단하게 밀어준, 보운이라는 여성이었다. 보운은 한때 현장의 아들 현경의 애인이었다. 그런 사실을 뒤늦게 알고 현장은 '어구머니나!' 하면서 뱀 만난 머저리처럼 물러서서 도망을 쳤다.

그런 일이 있고 나서 공연히 가슴이 두근거리고 숨이 가빠 오기 시작했다. 두통이 가라앉질 않았다. 병원에 가서 진찰을 받았다. 몇 가지 기초적인 검사를 하고, 초음파 검사를 한 다음 심장내과에 가서 차례를 기다리고 있었다. 간호사가 혈압을 재 가지고 오라고 했다. 혈압이 180까지 올라가 있었다. 영 믿어지질 않아, 몇 차례 다시 재곤 했지만 180 근처에서 물러나지 않았다.

"목숨을 담보로 술 마실 일은 아니지 않습니까. 술 끊으세요."

현장은 각진 눈으로 의사를 쳐다보다가, 피식 웃으면서 진료실을 벗어났다. 육십 살 넘어서 않던 짓을 하면 죽을 조짐이라고 하던 수필가 한여순의 이야기가 귓가에서 날파리 소리처럼 맴을 돌았다.

사랑도 끝나고, 술 마실 몸이 아니라는 의사의 선고를 받고 나니

허허롭기 짝이 없었다. 구름산에서 유유자적하게 살아가는 소봉의 생애가 유달리 두드러져 보였다. 어떤 집안의 사람인가가 궁금했다.

2. 대팽고회大烹高會

* 금슬상화琴瑟相和(부부가 사이가 좋음)의 좋은 부모 밑에서 오순도순 화목하고 단란하게 살았던 소봉의 어린 시절의 생활상을 묘사하고 비유해 놓았다.

추사 김정희가 만년에 쓴 글귀 "대팽두부과강채大烹豆腐瓜薑菜, 고회부처아녀손高會夫妻兒女孫"을 인용하였다. "잘 삶은 반찬은 두부 오이 생강 나물이요, 품격 높은 모임은 부부와 아들딸 손자와 함께 하는 것"이란 뜻이다. 식구들이 모여 담박한 음식을 먹으며 소박하게 살아가는 즐거움이 제일 좋은 즐거움이라는 의미다.

현장은 소봉이 어떤 집안 출신인지를 몰랐다. 근간 현장은 소봉을 만나고 이야기 나누는 기회가 자주 있었다. 말이야 이야기 나눈다고 하지만, 사실은 현장이 전화해서 그간 적조했소, 하면 소봉은 차를 몰고 달려와 현장을 데리고 교외로 나가곤 했다. 말하자면 버선발로 뛰어나와 현장을 맞는 격이었다. 지난 오월 코로나가 잠시 꺼끔한 적이 있었다. 한번 뵙고 싶다고 해서 별 주저함 없이 만나자는 장소로 나갔다. 소봉이 먼저 나와 있었다.

"소봉은 형제가 몇이셔?"

현장이 물었다. 현장은 칠 남매 가운데 장남이었다. 구질구질한 집안일을 도맡아서 처리해야 했다. 그리고 형제들 사는 게 제멋대로여서 장남의 손안에 잘 굽어들지 않았다. 그래서 별걱정 없이 사는 양 평안한 얼굴로 지내는 소봉이 부러웠다.

"저 팔 남매입니다."

저런! 현장은 속으로 감탄을 발했다.

팔 남매를 둔 가장의 삶이 어떠했으리라는 건 듣지 않아도 뻔한 고생길이었을 터였다. 현장은 팔 남매라는 데 꽂혀 다가앉으며 물었다. 박목월의 「가정」이라는 시를 떠올리면서였다. '지상에는/ 아홉 켤레의 신발'로 시작하는 시는 '아버지라는 어설픈 것이/ 존재한다' 그렇게 끝난다. 팔 남매를 두었으면 열 식구가 한 가구를 이루어 살아야 하는 대가족이지 않은가. 거기다 할머니까지 모시고 있었으니!

"사시기 힘들었을 텐데……."

현장은 어떻게 견뎌냈는지를 소봉에게 묻고 싶지 않았다. 50년대 어느 가정의 저녁 풍경이 떠올라서였다.

전라도 정읍 내장면, 내장산 서래봉이 올려다뵈는 산골에 아이 여덟을 둔 내외가 있었다. 아이들은 누에가 뽕잎을 갉아 먹듯이 억세게도 먹어댔다. 어른들은 아이들 먹는 재미로 자신들 배곯는 줄도 모르고 하루를 보냈다. 아이들에게 밥을 다 나눠 먹이고 숭늉으로

‘빈 배를 속이며’ 저녁 시간을 보내야 했다.

아버지는 애들을 불러 모았다. 그러고는 식구들이 둘러앉아 같이 노래를 했다. 그런데 그 노래는 주로 가요라는 것이었다.

“자아, 따라들 하거라”

아버지는 그렇게 명령을 해 놓고는 노래를 시작했다.

“무운패도 번지수도 없느은 주막에 구즌비이 내리는……”

아이들은 멋도 모르고 따라 불렀다. 아버지는 하모니카로 찌자장 찌자장장 반주까지 넣어 흥을 돋우었다.

“그란디 그 귀밑머리 쓰다듬어 주던 여자가 누구랑가요?”

어머니가 눈살을 짜부둥하니 힘을 넣고 물었다.

“쩌어그, 사람 속이 그렇게 밴댕이 속이면 어쩐다요? 말이 그렇다는 것이제……. 암만.”

아버지는 ‘서귀포 칠십 리’로 곡목을 바꾸었다.

“바닷물이 철썩철썩 파도치는 서귀포 진주 캐는 아가씨는 어데로 갔나……”

아이들은 어머니와 아버지의 눈치를 흘금거리면서 노래를 따라 불렀다.

“사람 산다는 게 말이다, 푸성귀라도 아쉽지 않게 먹음서 식구들이 모여서 아옹다옹 살아가는 게 그게 재미 아니겄냐…….”

그런 이야기를 하면서 노래를 잠시 중단했다. 아버지는 한지로 장식한 책을 내놓고 눈을 자붓이 뜨고, 무슨 생각인지 추억을 더듬는 눈치였다.

"이거가, 느그들은 아직 읽기 어렵겠다만, 추사라는 어른이 말년에 이런 글을 쓰셨다."

아버지는 아이들 앞에 펼쳐 놓은 책에 쓰인 글을 읽었다.

"대팽두부과강채" 그러고는,

"따라 해라."

그런 명령을 어기지 못하고 아이들은 제비 주둥이 같은 입을 벌려 '대팽두부과강채'를 읊어댔다.

"잘 헌다, 다음은 '고회부처아녀손'이란 것이다. 따라 히 보거라."

아이들은 멋도 모르고 '고회부처아녀손'을 읊었다. 그렇게 겨울밤이 깊어갔다. 노래하고 시를 외는 사이 아이들은 눈을 껌먹거리다가 이불에 다리를 넣고 쓰러져 새근거리면서 코를 골았다.

"애들이 알아들을 소리를 히야지, '고회부처'니 '대팽두부'니 그딴 걸 어떻게 알랍뎌?"

"우리라고 뭐 세상 알고 살았간디, 살다 보니 어허 그렇구나. 그렇게 쪼깨 알 만허면 세상 하직하게 되는 거고, 그렇고롬 살아가는 것이 아니것소?"

여덟 아이 데리고 그렇게 밤 깊도록 이야기하면서, 노래하는 세월은 오래 가지 않았다. 소붕의 부친은 세상을 뜨고 말았다. 집안의 노래는 소붕의 어머니가 자식들을 데리고 바느질하면서, 같이 불러 맥을 이어 갔다. 현장은 언제든지 소붕과 함께 노래방이라도 찾아가야

겠다는 생각을 했다.

3. 성인무상사聖人無常師

* '배움에는 성인도 정해진 스승이 없다.'는 뜻이다. 한퇴지의 「사설師說」에 나오는 구절이라고 본문에 밝혀 놓았다. 누구든지 스승으로 삼고 배워 온 소봉의 학구열을 높이 평가해 준 대목으로, 소봉이 끊임없이 독서를 하면서 배웠다는 의미의 글로 생각된다.

현장이 소봉을 알게 된 것은 그의 박사과정 지도교수 고평만 박사를 통해서였다. 현장이 언제던가 운주시를 방문한 적이 있었다. 패성대학沛城大學에서 같이 근무하던 장한걸 교수가 정년을 하면서 문집을 내는 데 글 하나 달아 달라고 청한 적이 있었다. 현장은 아니라고 손사래를 칠 수 없었다. 사람살이 가운데 같은 직장에서 일한 인연만큼 깊은 인연이 어디 있겠는가 싶어 버스표를 사서 운주로 내려갔다.

현장은 장한걸 교수의 장점을 들어 추켜올리는 이야기를 했다. 그러고는 교수 보람은 후학 길러 스승으로 부추김을 받는 데 있다는 이야기를 했다. 그러면서, 많은 사람들의 추앙을 받는 선생이 되려면 치열하게 공부하고 남에게 베풀어야 한다는, 자신 없는 말로 이야기를 마감했다.

기념식에 같이 참여했던 고평만 박사가 '언제 올라가는가' 시간을 물었다. 현장은 짐짓 눙치면서 말했다.

"고 박사가 붙잡으면 눌러앉고, 안 붙들면 올라가고……."

고평만 박사는 얼굴을 온통 일그러뜨리면서, 차표 시간을 넉넉하게 준비했으니 같이 한잔하고 올라가라고 했다. 어딘가로 전화를 하는 눈치였다.

"쩌어그, 김 아무개라고, 사람이 괜찮아요. 차 가지고 온다고 했으니 역 근처에 가서 한잔 느긋하게 하시고 쉬엄쉬엄 올라가세요."

김 아무개? 그런 신세를 져도 좋은가 하는 생각으로, 현장은 마음이 편치를 않았다. 현장은 그런 생각을 했다. 사람살이 서로 주고받으며 걸고 걸리고 사는 것이라는 생각이었다. 왈 '수지청즉무어水至清則無魚' 물이 너무 맑으면 고기가 살지 않는다는 식이었다. 신세지고 적절히 갚고 하는 사이에 정이 드는 게 아닌가, 그런 느슨한 태도였다.

얼마 있지 않아 고평만 박사가 연락한 김 아무개가 나타났다. 키는 작달막하고 얼굴이 약간 그을어 보였다. 웃는 듯, 심각한 표정이어서 속이 잘 헤아려지지 않았다.

"인사드리게, 알는지 모르겠지만 우리 문단의 대부이시고, 학문의 깊이가 대단한 그 현장 선생이시네."

이렇게 올려놓다가 내리치는 건 아닌가 싶어, 현장은 조금 찔끔했다.

"뵙게 되어 영광입니다."

영광까지야, 현장은 그 인사가 어색했다.

"영광은 전라남도에 있소."

현장은 말을 그렇게 비틀었다.

"굴비도 맛있지만 지금 덕진 연못에는 주돈이가 애련설愛蓮說을 읊고 있어요. 들을 만합니다."

그러면서 현장을 그윽이 바라보았다. 현장은 한 방 얻어맞은 듯 주춤했다. 이 정도면 이야기가 되겠다 싶었다. 현장은 차표를 고평만 박사에게 넘겨주었다. 차표를 받아든 고평만 박사는 한번 접어 손으로 쭈욱 찢었다.

셋이서 소붕의 차로 '주모집'이란 막걸릿집으로 향했다. 그런데 이상하게도 운전대를 잡고 있는 소붕의 얼굴이 익숙해지고 어디선가 본 듯한 인상으로 기억의 수면으로 거품을 일으키며 솔솔 솟아올랐다.

"차 있는 사람에게 술 마시자는 사람, 그 잡것……."

"무슨 말씀을요, 우리 고 박사님한테 현장 선생님 말씀을 자주 들었습니다. 차는 제가 알아서 처리할게요. 주욱 드시고 저도 한 잔 주십시오."

당당하고 힘이 안에 그득 찬 어투였다. 현장은 이전에 패성대학에 근무하던, 기악이라는 호를 쓰고 매천 문학을 연구하던 이엉마루 교수를 떠올렸다. 머리가 알알하고 몸이 휘청거렸다.

"황매천으로 박사 학위 논문을 썼으면, 그 이전에는 어떤 공부를……?"

현장이 조심스럽게 소봉에게 물었다.

"일이관지一以貫之하지 못하고, 좀 헤매고 다녔습니다."

소봉은 지방에서 고등학교를 졸업하고, 패성대학 사학과에서 공부했다고 했다. 그리고 한문학을 공부하고, 한문학 실력을 바탕으로 매천 황현의 한시로 박사학위를 받았다는 이야기를 간추려서 들려주었다. 한문학? 패성대학에는 한문학과가 없었다. 그리고 고전문학을 하는 교수 가운데 한문학을 전공한 이도 없었다.

"누구한테 한문학을?"

현장이 물었다.

"기악 선생이라고 계셨는데 혹시 기억하세요?"

"끼악 선생이라면 나도 알지요."

현장의 '끼악'이라는 소리를 듣고 고평만 박사도, 소봉도 함께 웃었다.

고조선을 이은 기자 조선의 후예라면서 자신의 호를 기악箕岳이라고 했는데, 학생들은 이것을 힘주어 발음해서 '끼악'이라고 소리 지르며 웃어댔다.

어느 여름날 학생들이 그야말로 '끼악' 놀랄 일이 생겼다. 이 양반이 삼베 잠방이를 입고 학교에 나왔는데, 양 다리 사이에 불알 망태가 덜렁거려 학생들이 '끼악' 소리를 치고 달아났던 것이다. 물론 저 공주 유구의 견사로 만든 속바지를 받쳐 입기는 했지만, 삼베가 워낙 성글어 양각 사이의 음낭이 진자운동을 하는 모양으로 밖으로 비쳤던 것이다.

기악 선생의 삼베적삼은 개량한복 스타일이어서 양쪽에 주머니를 달았다. 그 주머니에는 늘상 한적 복사본 두어 쪽이 들어 있었다. 술이 떡이 되게 마신 다음 날도 학교에 나올 때는 그 복사물을 읽으면서, 아니 읊조리면서 갈지 자 걸음으로 느긋하게 걸었다. 길 위에서 책을 읽는다고 해서 '노상독서路上讀書'라는 별명이 붙기도 했다.

"학자라는 게 '수불석권手不釋卷'하고 살아야 허는 게야."

그렇게 해서 '수석首席'이란 별명이 생기기도 했다. 기악 선생은 나도 수석한 적 있어야, 하면서 동아일보 신춘문예에 당선했다는 자랑을 은근히 늘어놓기도 했다.

기악 선생은 당시 매천 황현의 한시를 중심으로 박사 학위 논문을 쓰고 있었다. 그런데 일요일이면 대학원 학생들을 동원해서 김제에 있는 당신 산에 나무를 심으러 가곤 했다. 학생들의 내심은 알 수 없지만 기악 선생의 주장으로는 사제동행이었다.

그러나 사람들의 평은 둘로 갈렸다. 사제동행이라는 게 훈습薰習 아닌가 칭송하는 이들이 있고, 다른 한편으로는 '노동력 착취'라고 폄하하는 이들도 있었다. 현장은 어느 평이 적실한지 따져볼 겨를이 없었다. 나무 심을 땅이 있다는 게 부러울 따름이었다.

그런데 소봉은 그 기악 선생 앞에서 '끼악' 소리 지르지 않고, 매천 관련의 석사논문을 썼다. 그러면서 기악 선생에게 소리 나지 않는 큰 웃음과 배포를 배웠다.

"강요된 봉사는 진정한 봉사가 아니라고, 내 친구가 늘 얘기하던데 오늘 음주 봉사에 동원된 것 같아 좀 거시기하오."

소봉이 말했다.

"선생님이 거시기하면 저는 저시기하지요."

현장은 손바닥을 딱 치고서 소봉에게 잔을 건넸다.

"제가 책을 내려고 글을 하나 썼는데 현장 선생님의 귀한 가르침을 받고자 합니다."

그 말의 격조와 존경의 마음이 깊은 걸로 보아 도저히 제쳐놓을 수가 없었다. 현장은 그리하소, 하고는 원고를 보내 달라고 했다.

부쳐 온 원고를 읽은 현장은, 간단한 발문을 하나 써서 보내 주었다. 내용이 욕되지 않으면 책 끝에 얹어 주면 좋겠다는 말을 첨언해서 보냈다.

소봉이 답을 보내왔다.

"현장 선생님은 내가 평생 찾던 '스승'이십니다."

현장은 낯이 훅훅 달아올랐다.

현장은 '성인무상사'라는 다섯 글자를 써서 답신으로 보냈다. 한퇴지의 「사설師說」에 나오는 구절이었다. 소봉은 배움에 경계를 두지 않았다. 불치하문(不恥下問; 아래 사람에게 묻는 것을 부끄러워하지 않음), 그 자세로 누구한테나 배우는 사람이었다.

4. 도불습유道不拾遺

* '길가에 떨어진 타인의 유실물을 줍지 않는다.'라는 의미다. 이런 이야기는 중국 『사기史記』의 「상군열전商君列傳」에 있으나 『공자세가孔子世家』나 『한비자韓非子』 「외저설外儲說」에도 있는 내용이다. 해외여행 중에 무심코 가져온 이어폰과 길가에서 주운 돈 때문에 고심하고 있는 소봉의 심리 상태와 위기를 그렸다.

소봉은 사리를 염량炎凉하는 능력을 지닌 사람이다. 그것은 삼엄하기까지 한 도덕 감정이었다. 현장은 도불습유道不拾遺라는 숙어를 떠올렸다. 사마천의 『사기史記』에 나오는 구절이었다. 사실 그 말은 양날의 칼과 같은 의미의 폭을 거느리고 있었다. 법이 하도 엄해서, 목숨을 부지하고 살려면, 땅에 떨어져 뒹구는 물건도 줍지 말아야 한다는 뜻이다. 다른 하나는 나라의 법이 엄정하고 풍습이 건실해서 땅에 떨어진 물건이라도 욕심내지 않는다는 세태 풍정을 나타내는 말로 읽는 것이다. 사물의 한 면만 보지 않았던 사마천司馬遷인지라 어느 뜻을 취해도 탈은 없을 터였다.

소봉이 유럽 여행을 하느라고 비행기를 탔다. 천하항공 비행기는 좌석이 쾌적하고, 오디오 시설이 잘되어 있었다. 이어폰으로 노래를 들으면서 가던 중에, 이거 가지고 가면 다른 기기에서 노래 듣는 데 쓰임직하다고 어깨 가방에 넣어가지고 나왔다. 돌아오는 길에 같은 천하항공을 타면 쓴 다음 돌려주려는 속셈이었다. 여행 중에 잘 썼다. 작은 물건 하나가 이렇게 유용할 줄은 미처 생각지 못한 일이었다.

그런데 일이 생겼다. 돌아오는 항공편은 천하항공이 아니라 대륙항공이었다. 소봉은 그때부터 마음을 썩이기 시작했다. 항공사에 전화했으나 연결이 잘되지 않았다. 여행사에서는 별스런 손님을 다 보았다는 듯이, 그냥 쓰라고 무연히 말할 뿐이었다. 세상은 도덕에 민감하지 않고 소봉 혼자만 죄인이 되어 괴로워했다.

소봉은 『맹자』를 꺼내 다시 읽었다. 이른바 맹자의 군자삼락 가운데 한 구절이었다. 소봉은 자기 서재에 써서 걸었던 편액을 올려다보았다. '앙불괴어천仰不愧於天, 부부작어인俯不怍於人'이라는 글귀였다. 하늘을 우러러보아 부끄러움이 없고, 땅을 굽어보아 낯붉힐 일 없이 그렇게, 염결히 살아가야겠다고 다짐하고 실천해 온 소봉으로서는 하늘을 올려다볼 수 없을 지경으로 마음이 괴로웠다. 남들이 모두 일어나 자기를 손가락질하는 것만 같았다. 소봉의 귓가에도 사람들의 비난이 환청이 되어 들려왔다.

“부모 일찍 저승으로 가는 게 어디 무연한 것일랍디여?”

“암만, 그라제라. 저런 인격으루 어쩌코롬 아그들을 가르친다 할랑가 모르겄어라.”

소봉은 죄인이 되었으나 죄인을 면하는 방법은 참회하는 것 말고는 다른 뾰족한 수가 없었다. 젊고 여린 청년 시인 윤동주의「서시」를 수도 없이 읽고 암송했다. 그것은 기도나 다름이 없었다. ‘잎새에 이는 바람에도 소봉은 괴로워했다.’

소봉은 그 이어폰을 자기 서재에 걸어 두었다가 다른 여행에서 천하 항공을 이용할 기회가 생기자 아무 말 없이 돌려주고서야 마음이 편했다. 그날은 하늘이 맑고 바람이 신선했다. 가히 하늘을 우러러 우주의 광대함을 보고, 사람 살아가는 모습 가운데 품류의 성함을 살필 수 있었다. 그것은 왕희지가 ‘난정蘭亭’에서 친구들을 불러 노는 감흥과 같았다. 이어폰을 돌려주고서야 마음이 편한 소봉은 이제 길가에 떨어진 물건을 더이상 손대지 않을 사람이었다.

한번은 이런 일이 있었다. 아내의 전화였다. 장모님이 길에서 돈 80만 원을 주웠는데 점심 살 테니 나오라는 것이었다. 소봉은 차를 몰고 가서 주운 돈을 돌려주어야 한다고 목소리를 높였다. 돈과 물건 잃고 서운했던 기억을 되살리고, 잃었던 물건을 찾아준 마음이 상쾌했던 이야기를 하면서 아들까지 불러와 이 사태를 어떻게 해야 할 것인가, 상의한다. 인간의 옳고 그름을 분간하는 원칙을 생각해 보기도 하고, 아내와 장모님의 도덕적 건전성을 의심해 보기도 하는 가운데, 점심은 그대로 진행되었다. 사학도답게 『신증동국여지승람』에 기록된 '형제 투금' 이야기를 떠올리고는 자리가 영 불편해서 엉덩이를 들썩거리면서 식사를 끝낼 무렵이었다.

시침을 뚝 떼고 있던 아내가 자초지종을 이야기해서 상황이 전환된다. 소봉의 장모님은 아들딸이 준 용돈을 모았다가 장롱 안에 보관해 두었다. 그러다가 잊고 지낸 무슨 옷인가를 찾다가는 돈 봉투를 발견했던 것이다. 그야말로 '공돈'이었다. 딸에게 전화를 해서, 장모가 길에서 주운 돈으로 점심을 사면, 사위가 어떻게 나오나 보자면서 연극을 꾸몄다. 그 연극은 사위는 물론 손자까지 깜박 넘어갈 만큼 완벽했고, 해결은 코미디 장르의 화해로운 결말로 매듭지어졌다.

소봉은 '부유하지 않더라도 구차하지 않고 속되지 않게 살아갈 수 있다면 그게 최상의 삶'이라는 이야기를 자주 했다. 그 결론 이전에 쓰고 남은 돈이 꽤 많다는 장모님의 '해맑은 모습'은 가정의 벼리를 당겨 주는 도덕적 버팀목이었다. 그런 연극이 완벽한 한, 소봉이 인격을 지켜나갈 수 있는 게 아닌가 싶어, 참 좋은 아내를 두었다는 생각을 하지 않을 수 없었다. 아내의 덕으로 사는 남자를 부러워할 사람이 많겠다는 생각이 들었다.

5. 처자지덕妻子之德

* 부모를 공경하며 부모가 정해 준 배우자를 택하여 '처자의 덕'으로 살아가고 있는 소봉의 생활상을 비유해 놓았다. 본 약전에서 절정의 대목이다.

소봉은 아내에 대한 고마움을 이따금 현장에게 털어놓기도 했다. 처자식 자랑은 불출이나 하는 짓이야, 목울대까지 올라오는 말을 현장은 애써서 참았다. 진실을 이야기하는데 그걸 막아서야 쓰겠는가 싶어서였다.

한번은 고평만 박사가 소봉 부부, 윤대설 부부와 함께 캐나다 로키산 관광에 참여했다고 한다. 윤대설은 소봉과 함께 한적漢籍 꽤나 읽은 친구였다. 고평만 박사가 한 이야기이기 때문에 사실 여부를 현장이 알 바는 아니었다. 아무튼 하루 일정을 마치고 느긋하게 저녁을 끝낸 일행은 테라스로 나가 별을 바라보면서 생맥주를 즐겼다.

관광이라는 게 사람을 좀 풀어지게 하는 법이다. 말이 유들거리고, 안 먹던 술도 마시고, 꿍쳐놓은 돈도 써 보는 식으로 풀어진다. 그 가운데 말이 풀어져 내외간에 싸우기도 하고, 친구 사이의 우정이 금가는 사례를 알 만한 사람은 아는 터이다.

고평만 박사가 소봉에게 물었다.

"자네는 마누라 덕에 이런 여행도 오고 하는데, 그런 화수분 같은 마누라를 어떻게 얻었는가? 나는 그게 아직까지 풀리지 않는 의문이라네."

고평만 박사는 벌써 취해 얼굴이 벌겋게 상기되어 물었다.

"사랑과 효도를 두고 갈등하다가 효도하기로 결단한 덕입니다."

"그게 뭔 소리라나? 마누라 잘 얻은 게 효자지덕이라니."

윤대설이 끼어들었다.

결혼에 앞서 배우자를 정할 무렵 소붕에게는 사귀는 여친이 있었다. 미모가 출중하고 내로라하는 대학 출신이었다. 그런데 소붕의 모친은 생각이 달랐다.

"네가 인물이 남다르냐, 집안 내세울 만한 게 있느냐, 학력이 변변하냐, 그러니 입 다물고 내가 천거하는 여자를 아내로 맞아라."

이런 사태가 벌어지자 소붕은 밤새도록 고민하다가 어머니에게 효도하는 쪽으로 방향을 잡았다. 그런 결정을 하는 데는 전거가 있어야 할 터였다. 거기 갖다 댄 전거가 소동파의 「적벽부」였다. 거기 나오는 구절, 세상의 모든 사물은 그 물성에 따라 각기 주인이 따로 있게 마련이라는 것, 왈 '천지지간 물각유주 天地之間 物各有主'라는 구절이 그 전거였다. 이런 구절은 『춘향전』에도 인용되어 있다.

그런데 문제가 있었다. 효도를 하느라고 처자를 고르기는 했는데, 세상살이에 능력이 별로 없었다. 소붕은 아내를 능력 있는 여자로 길러 가야 한다고 생각했다. 통신대학교 입학원서를 사다가 아내의 머리맡에 놓기를 여러 차례 했다. 거들떠보지 않던 아내가 어느 날

그걸 덥석 들고 일어나 학교에 제출하고 합격해서 법학과 과정을 마쳤다. 자격증 몇 개를 따서 그것을 바탕으로 사업을 시작했다. 아내의 사업이 번창하여 온 집안이 그야말로 불같이 일어났다. 소봉은 효도지심이 처자지덕으로 직결된다는 것을 염두에 두고, 원칙을 고수하며 살아가는 생활이 결국 성공하는 삶이란 생각을 거듭했다.

"마누라 덕, 처자지덕에 사는 건 윤 선생도 마찬가지 아닌가 싶소만."

고평만이 윤대설을 쳐다보면서 당신도 얘기 좀 해 보라는 식으로 제안을 했다.

"우리 집 내자도 우렁각시나 한가지요. 내자가 음식 솜씨가 좋아 식당을 시작했는데, 백종원한테 훈수 들은 것도 없이 골목식당을 시작하여 지금 패성에만 식당이 다섯이 되얐으니 내자지덕이 틀림없지요."

그런 말끝에 윤대설은 "젖은 손이 애처러워……"로 시작하는 '아내에게 바치는 노래'를 불렀다. "나는 다시 태어나도 당신만을 사랑하리라." 모인 사람들이 박수를 쳤다.

"아무리 마누라 덕에 산다고 히도 그렇지, 이다음 세상까지 그 마누라를 모시고 살아요? 답답하오."

고평만의 이 말에 소봉은 안으로 잔뜩 긴장하고 있었다. 말이 음일淫佚한 데로 빠지고 있었다.

고평만은 마누라 덕을 내자지덕內子之德으로 풀이하고 있는 무치

지인無恥之人과 같이 여행하는 게, 삶의 가치는 고사하고 참괴스러웠다. 관광의 의미가 풀어져 달아나는 중이었다.

"아내의 덕을 보고 살면 그렇다고 솔직하니 인정하소."

고평만 박사가 윤대설에게 슬그머니 화를 질렀다.

"나도 맹자의 사단 정도는 아는 사람이요."

윤대설은 푸르르 하면서 측은지심, 수오지심, 사양지심, 시비지심쯤은 안다는 식으로 대들었다.

"저 인간이 결국 제 물건 덕으로 산다는 거 아녀?"

고평만 박사가 혀를 츳츳 찼다.

그때 가이드가 다가왔다. 가이드는 이탈리아에서 성악을 공부하다가 중도이폐中道而廢하고 캐나다로 건너와 가이드로 일한다는 것이었다. 여름 한철 벌고 겨울에는 유럽 남쪽 따뜻한 햇살을 찾아 여행하는 자유를 만끽한다고 하면서, 가이드로 사는 것도 재미가 있다고 자기 자랑을 늘어놓았다. 그러고는 함께 온 손님들과의 합석을 제안했다. 내외들이 나란히 앉았다.

분위기를 맞추기 위해 가이드가 일어섰다.

"제가 여러분들께 노래 한 곡 불러드리겠습니다."

손님들이 박수를 쳤다. 가이드는 'You Raise Me Up'이라는 노래를 우아한 목소리로 불렀다. 내가 우울하고 마음은 지쳐 있을 때, 당신은 나를 일으켜 세워 산정에 설 수 있게 하고, 폭풍 이는 바다를 건널 수 있게 해 주오. 내가 당신의 어깨에 기대 있을 때 나는 힘을 얻고 내가 추구할 수 있는 그 이상의 자아실현을 해 준다오. 노래는 그렇게 이어졌다.

소붕은 'I am strong, when I am on your shoulders' 하는 구절에 이르러 자신도 모르게 눈물이 주르르 흘렀다. 아내의 손을 잡고 일어나 노래를 시작했다.

"이 나이 먹도록 세상을 잘 모르나 보다……."

그렇게 시작한 노래는

"못난 나를 만나서 긴 세월 고생만 시킨 사람…… 나 당신을 위해 살겠소……고맙소 고맙소 늘 사랑하오."

둘의 화음이 잘 어울렸다. 하늘에 별이 쏟아져 내릴 것처럼 반짝이는 속에 밤이 깊어가고 있었다.

6. 채국동리하採菊東籬下

* 도연명의 삶을 흠모하고 운산에서 비탈 밭을 일구고 산밭길을 걸으며 살아가고 있는 소붕의 삶을 그렸다. 장자의 '득어이망전得魚而忘筌'의 전고를 인용하여 소붕이 힘겹게 살았던 지난 시절의 아픔을 잊고, 이제 뜻대로 남은 생을 활기차게 살아가라는 의미의 결론이다.

유연견남산悠然見南山이라! 채국동리하採菊東籬下에 이어지는 구절이었다. 도연명의 「음주飮酒」 시 구절을 읊조리면서, 현장은 소봉을 생각했다. 소봉이 그런 자연을 즐기고 있거니 생각하면 부럽기도 하고, 나이 들면 저래야 하거니 그런 공감이 일어나는 것이었다. 동쪽 울타리 아래 국화 한 송이 꺾어 들고 단풍 짙어 오는 가을산을 유연히 바라보는 운치를 어디서 구할 것인가. 하기는 현장도 처자지덕으로 가을산의 저녁나절 공기를 즐기면서 새들 나무숲으로 짝지어 날아드는 모양을 바라보기도 한다. 사람살이 깊은 뜻이 그런 가운데 있거니 하지만, 문학을 한다고 말로 살아가는 나날이 신세를 들볶아 편하지를 못한 생활이었다.

현장은 '소봉 약전'을 충분한 길이로 쓰고 싶었다. 해서 생애 몇 구비를 단락을 갖추어 서술하려 했다. 할아버지와 할머니, 아버지가 일찍 돌아가시어 '애이불상'의 심정으로 고난을 넘긴 이야기는 '수욕정이풍부지樹欲靜而風不止'란 제목으로 써야겠다 계획했는데 글이 너무 길어지는 듯해서 줄이기로 했다. 그 구절에 이어지는 '자욕양이친부대子欲養而親不待'는 감히 입에 올리기도 힘들었다. 자식이 부모가 일찍 세상을 떠서 봉양을 못 하는 게 아니라 처음부터 봉양을 못하다가 덜컥 세상을 떴던 터였다. 그 마음의 울결이 노상 현장을 괴롭히기도 했다. 그러면 세속적 이유를 대서 물러서곤 한다. 그때 그 시절은 누구나 어렵게 살았노라고.

소봉은 남을 잘 고려하고 자기 생각이 깊은 사람이다. '원려심사遠慮深思'라는 말이 그에게 적실하다. 이는 그의 강직하고 솔직하며 정직한 성격에서 비롯되는 정신적 관습으로 생각된다. 소봉은 학문과 정의에서는 강직하고, 자신의 본모습을 털어놓는 데서는 솔직하다. 그리고 삶의 지표 가운데 하나로 정직을 푯말로 삼고 있다. 하여 평범의 극치에서 피어나는 상도의 초상을 소봉에서 보는 바다. 그야말로 노자의 표현으로 한다면 '대방무우大方無偶(큰 공간은 모서리가 없음. 크게 바른 사람은 원만함 : 『도덕경』「41장」)'의 경지 아닌가 싶다.

현장은 소봉이 큰 그릇에 이르기까지 수많은 역경을 겪은 걸로 알고 있다. 그러나 소봉은 그 역경을 끌어안고 뇌심惱心하지 않는다. 지금 이렇게 당당하게 자적自適하면서 살아가는데 지난날의 고초야 왜 오래 기억할 것인가, 소봉은 그런 태도로 산다.

현장은 『장자莊子』를 꺼내 「외물편」 끝자락을 펴 들었다. 생각나는 구절이 있어서였다. 그게 '득어이망전得魚而忘筌'이란 글귀였다. 통발은 물고기를 잡는 수단이다. 고기를 잡으면 통발은 잊힌다. 말은 뜻을 전하기 위한 수단이다. 뜻을 전하면 언어는 잊어버린다. '언자소이재의, 득의이망언(言者所以在意, 得意而忘言; 말은 뜻을 주고받는 것에 의미가 있기에, 뜻을 얻고 나면 말은 잊어버림)의 한문에는 어투를 나타내는 상相이 확실하지 않은 게 특징이다. 물고기 잡았으면 통발은 잊어버려라 하는 것인지, 세인들은 물고기를 잡으면 통발의 혜택을 잊고 만다는 것인지 새기는 사람이 짐작을 해야 한다. 언어는 그 운용에서 뜻이 중요하지 형식은 부차적이라고 보는 것이 장자의 관점이다. 그렇게 본다면 뜻을 터득攄得하면, 말의 외피야 잊어도 좋다는 게 장자의 시각이다. 그래서 뜻을 이미 얻은 이들과 더불어 이야기할 자격이 자기에게는 없다는 투로 겸손을 표하는 게라고 현장은 짐작하고 있었다.

오늘의 소봉을 만들어 준 과거야, 그게 괴로움과 낙망과 좌절로 점철되어 있어도 잊어야 할 존재가 된다. 현장은 기회가 되면 '득어망전'의 한 구절을 소봉에게 선사하고 싶다는 생각을 했다. 차를 몰고 뒷산의 단풍과 뜰에 핀 국화를 보러 가면서, 그런 갸륵한 생각을 하는 건 복된 일이라고 생각함에 가슴이 단풍빛깔로 달아오르는 것이었다.*

* 우한용 교수는 품덕品德이 높으신 분이시다. 수필을 써 놓았다 했더니 흔쾌히 읽어 주시겠다고 하시면서 원고를 보내달라고 하셨다. 우한용 교수는 곧장 나의 조잡한 원고를 읽고 「이야기가 있는 서평 — 소붕 약전」이란 실명 소설로 나를 평가해 주셨다. 웬걸 소설가답게 소설 형식을 빌려 사람을 평가하는 기발한 아이디어가 있었다.

「소붕 약전」의 이 소설을 읽는 동안 나는 크게는 몇 번이나 박장대소하며 웃었다. 느끼는 감정은 다른 독자들도 마찬가지일 것이다. 뜯어 읽어보면 이 약전은 그만큼 풍자적이고 지적인 유머가 배어들어 있다.

소설가요 시인이기도 한 우한용 교수는 왕성한 창작 활동을 하고 있다. 놀랍도록 글을 빨리 쓰고 비유의 솜씨가 탁월한 분이다. 전에도 나의 저서 『매천 황현 시와 사상』의 방대한 원고를 순간에 읽고 핵심을 꿰뚫어 재빠르게 발문을 써서 보내 주셨다. 「소붕 약전」도 그렇게 써 주셨다.

| 평설 |

견인 · 각고 · 극기의 인생기

— 전정구(문학평론가, 전북대 명예교수)

1.

김영봉 박사가 극기克己 · 각고刻苦 · 견인堅忍의 인생기人生記를 펼쳐낸 『매천 황현과 매미의 철학』을 발간한다. 내가 그를 알게 된 것은, 고인이 되신 송남松南 이병기(李炳基 1932~2008) 선생 때문이다. 거침없고 괄괄했던 선생은 진득하게 우러난 막걸리처럼 텁텁하면서도 걸걸한 말솜씨로 좌중을 휘어잡았던 나의 대학 은사였다.

세월이 유수와 같다던가. 나는 국어교육과 조교를 마치고 시간강사로 여기저기 바쁘게 다니던 시기를 거쳐 운 좋게도 삼십 대 초반, 모교의 국문과에 자리를 잡게 되었다. 이런 연유로 송남 선생과 이런저런 만남이 지속되었다.

어느 날 선생은, 말년에 제자다운 제자 하나를 두었다고 자랑하였다. 그가 누구냐고 물으니 김영붕이라고 한다.

내가 알기로 송남 선생의 마음을 흡족하게 충족시킬 만한 제자 — 후학은 드물었다. 그만큼 선생의 사람 보는 눈이 냉철하고 정확했으며, 인간적 학문적으로 선생과 사제의 정을 맺은 사람 또한 많지 않았다. 됨됨이를 파악하는 매서운 안목을 지니고 있었던 선생의 마음을 사로잡은 제자가 생기다니 의외였다. 당연히 그가 누구인가에 대한 호기심이 생겼다.

2.

송남 선생은 매사를 대충대충 두리뭉실 원만하고 막힘없이 이끌었다. 교수 사회의 트러블 메이커를 컨트롤했던 교수들 중에서 전북대를 대표할 만큼 역량이 있었던 분이다. 그렇지만 자기의 본심本心을 토로할 허심탄회한 인간관계만큼은 철저했다.

주변 인물 상당수를 마음 깊이 받아들이지 않았던 송남이 스승과 제자라는 학연으로 김영붕을 인정한 것은 대단한 사건이었다. 당시 교육대학원 한문교육과를 다니고 있는 야간 학생 신분인 그를 지도교수가 러브콜 한 것이다.

이번에 발간하는 『매천 황현과 매미의 철학』 내용 중 「구방심求放心」에 그 사연이 밝혀져 있다. 일반대학원생도 아니고 학문에 정진할 만큼 젊지도 않은 불혹不惑이 지난 현직 교사를 어떤 연유에서 그렇게 신뢰하며 구애求愛했는지 나는 자세히 모른다. 분명한 점은 학비와 등록금을 전담하겠다는 제의를 할 정도로 스승이 제자의 학문적 가능성과 인간미에 매료된 것이다.

대학원 석사 논문 「황현 시 연구」를 지도해 준 송남 이병기 교수는 박사과정 입학을 종용하셨다. 나의 재능을 아껴 등록금을 비롯한 일체의 학비를 지원해 주겠다는 말씀을 수시로 하였지만 나는 그 제의를 수용하지 못했다. 무엇보다 처자식과 직장생활의 현실을 전적으로 외면할 수 없었기 때문이다. (「구방심求放心」)

김영붕은 송남 선생을 '아버지와 같은 존재'로 여길 만큼 순종順從했던 것 같다. 은근히 까다로운 스승을 깍듯이 받들고 따랐던 그는 믿음을 줄 만한 제자가 없었던 원로급 교수인 송남의 정신적 허전함을 채워 주는 역할에 충실했다.

이 책의 共著者 김영붕 군은 晩得의 愛弟子이다. 교육대학원 漢文學 專攻의 석사 논문을 지도한 학생이었다. 함께 공부하고 노력하는 데 뜻을 같이하기로 하고, 연속 만나고 있는 學問的 同伴者가 되고도 남음이 있기에 共著라는 同格推薦에 주저할 수가 없었다. (이병기 · 김영붕 공역, 「매천 황현 번역시집서」, 『역주 매천 황현 시집 상』, 보고사, 2007)

학문의 동반자가 되어 황현의 한시 작품을 3년여 동안 번역에 매진했던 만득晩得의 사랑스런 제자가 김영붕이었다. 그는 송남을 지도교수로 하여 석사논문도 받았다. 그러나 박사과정 진학은 '직장생활과 경제 문제'라는 현실의 제약으로 녹록지 않았다.

기연奇緣이라고 해야 할까. 시인이며 수필가이자 고전 시가 문학 연구자였던 송남도 경제적 · 가정적 형편으로 젊은 시절에 학문의 길을 걸을 수 없었다. 이러한 점에서 스승과 제자가 유사한 인생행로人生行路의 운명을 부여받았는지도 모른다.

백면서생과 비슷했던 나와는 판이한 유형의 인간상을 지녔던 분이 송남 선생이다. 경제적으로 원활하지 않았음에도 엽총을 구입하여 사냥을 다닐 정도로 활달했던 선생은 교수 — 학자의 고리타분한(?) 일상을 벗어나 사회적으로 다양한 부류의 사람들과 교류했다. 퇴직하고도 전북노인대학 학장을 연임할 정도로 세상일에도 밝았고, 두주불사斗酒不辭의 호방함을 지녔던 송남 선생이 인정했던 사람이 김영붕이다.

학문에 전념하기에는 늦어버린 중등학교 교사에게 박사 과정 입학을 종용하며 학비 일체를 부담하겠다니! 놀라운 일이다. 김영붕의 학문적 능력과 인간미에 매료된 송남의 선견지명先見之明이랄까, 아니면 그런 은사를 끝까지 섬긴 김영붕의 결초보은結草報恩이랄까. 그는 마지막 제자가 되어 송남이 못 이룬 '매천 황현'에 대한 학업學業을 이어나가게 되었다.

이병기 교수가 1~2년 사이에 지병이 악화되어 갑자기 타계한 이후로, 놀랍게도 그분이 재직한 국어교육학과에 박사 과정이 설치되었다. 현직 교사를 대상으로 야간에 수업하기 때문에 여건이 나에게 맞아 이 학과에 지원하였다. 하지만 전공이 다르다는 이유로 세 번이나 면접시험에 탈락했다. 당연한 결과지만 더이상 패배의 노예가 되고 싶지 않았다. 실망하지 않고 적극적인 자세로 네 번째 지원하여 합격하였다. 오히려 그 틈을 타 고삐를 늦추지 않고 매천 황현이 쓴 나머지 시 모두를 속집과 후집(2권)으로 번역을 끝내면서 매천 시를 완역할 수 있었다.(「구방심求放心」)

송남 선생의 지도 아래 황현의 시작품을 번역하면서 김영붕은 매천의 고매한 인품에 매료되었다. 그 과정에서 선생은 유명을 달리했고 김영붕이 외롭게 그 작업을 이어받아 매천 시작품을 완역하는 쾌거를 이룩했다. 그리고 송남이 필생의 과업으로 생각했던 '매천 황현문학' 연구의 매듭을 짓기 위해 김영붕은 지천명知天命의 나이에 여러 번 박사 과정에 도전한 끝에 결국 합격했다.

박사과정 수료 후 학위 논문으로 열매를 맺은 「황매천 시문학 연구」는, 고전문학 전공자의 그것들과 다른 특색과 개성을 지니고 있다. 역사학도로서의 김영붕의 관점 — 시각이 매천 시문학 연구에 반영되어 있기 때문이다. 어느 한 작가의 작품 연구는 그것을 쓴 작가의 삶과 그가 속했던 시대상을 외면할 수 없는 측면이 있다. 특히 매천 황현과 같은 대한제국 말기의 대학자야 두말할 필요도 없이 사회적 역사적 접근이 필수적이다. 문제의 핵심은 그것을 상상의 산물인 문학과 그의 생애 및 시대현실을 어떻게 연결하여 객관적 논리로 포착하느냐이다.

무대 — 한말 풍운의 시대에 선 무용가舞踊家 — 황현과 그가 펼쳐내는 무용 — 시문학을 분리하는 것은 불가능하다. 그 인간이 '예술 — 무용'이고 그 예술이 '그 인간 — 무용가'이다. 우국지사이며 교육자이자 한학의 대가大家인 매천에 있어서랴! 그의 삶은 당대 사회와 밀착되어 있고 그 시대상 — 역사상을 그대로 반영하고 있다.

문사철文史哲을 아우르는 통섭의 시각으로 접근한 박사 논문을 수정하고 증보한 그의 저서가 세종학술도서로 선정되는 영광을 안게 된 연유가 여기에 있다. 대학 강단에 선 학자들의 저서도 쉽지 않은 이 일을 재야학자 그룹에 속하는 김영붕이 해낸 것이다.

나는 전공과목을 사학史學에서 한문학과 철학哲學, 그리고 다시 문학文學으로 바꿔 가며 공부했다. 새로운 학문을 접할 때마다 카이로스(Kairos)의 시간이 되어 지적 호기심에 몰두하였다. 취향에도 맞아 십수 년 동안 매일 서너 시간밖에 잠을 자지 않았다.

몰입의 특징은 시간의 흐름을 망각하는 것이고, 그 몰입을 '최적 경험(optimal experience)'이라 한다. 책을 보는 동안 놀랍게도 최적 경험의 상태로 시간은 곧잘 빠르게 지나가곤 하였다. 그러다 체력

관리를 하지 못해 뇌하수체 종양에 걸려 삶이 풍비박산 날 뻔했다. 용케 병을 극복하고 살아남아, 전공한 학문이 서로 동반상승하여 시너지 효과를 얻을 수 있는 장점이 생겼다. 그 사이 매천 시詩를 다섯 권으로 완역하고, 매천에 대해 종합적으로 연구한 저서 『매천 황현 시와 사상』은 문광부에서 추천하는 세종학술도서로 선정되기도 했다.(「카이로스의 시간과 최적 경험」)

김영붕은 늦은 나이에 학문의 길에 들어섰고 드물게 한 분야에서 남들이 인정할 만한 학문적 성취를 맛보았다. 청어람靑於藍한 제자 김영붕이 송남 선생의 한풀이를 한 것이다. 김영붕과 더불어 송남의 광영光榮임을 그 누구도 부인할 수 없을 것이다.

3.

누구든 젊은 시절에 자기 꿈을 펼쳐 보고 싶어 한다. 그러나 이런 저런 생활의 제약으로, 혹은 미래에 대한 불확실성으로 대부분 그 꿈을 접는다. 그리고 그것이 일종의 열등의식이나 좌절감으로 작용하여 삶을 옥죈다. 그것을 극복하기 위해서는 부단한 자기 내면의 성찰과 불굴의 의지력이 요구된다.

다부진 인상을 주지만 키가 작은 김영붕은 경제적 여건과 함께 신체적 조건으로 어린 시절부터 좌절감 비슷한 열등의식에 시달렸다.

성장 후에도 그것이 대인관계를 비롯하여 일상생활에 불편을 주는 것들이 많았다.

> 나의 외모는 확실히 단구短軀라 훤칠하지 못하고 못생겨 대인관계에서 좋은 인상을 주지 못하고 있다. 또 키가 작아 불편한 점들이 있다. 키가 큰 친구와 함께 걸어갈 때 보폭이 작아 발걸음을 빨리 떼어야 한다. 높은 곳에 있는 물건을 꺼낼 때 의자를 놓고 올라가야 하는 번거로움도 있다.
>
> 무엇보다 키가 작아 생기는 문제는 옷을 사러 갈 때다. 신장에 비해 몸이 비대하여 양복저고리나 상의는 그런대로 평균 사이즈를 입는다. 하지만 소매의 끝부분을 잘라야 하니 멀쩡한 새 옷을 수선하는 공력과 비용이 들어간다.(「키 작은 뚱보 퍼그」)

열등의식에 함몰되지 않고 그것을 극복하기 위해 김영붕은 배전의 노력과 분발심으로 그 열등의식을 넘어서는 길을 택했다. 정신력의 측면에서 그는 타인의 추종을 불허한다. 그러한 불굴의 정신력, 즉 심력心力이 현실을 살아가는 태도를 결정하고 그것이 생활을 지배한다. 바꿔 말하면 모든 것은 마음먹기에 달렸다. 긍정적이고 적극적인 삶의 자세와 개방적인 사고방식으로 정신을 집중하여 일상생활에 임한다면 이루지 못할 것이 없다.

김영붕은 어린 시절부터 신체적 · 가정적 · 경제적 고난으로 발생한 열등의식을 그러한 불굴의 의지로 버티면서, 그가 학부시절 전공했던 역사학으로부터 얻은 교훈을 가슴에 새겼다. 중국경제의 기초를 다진 부도옹不倒翁 등소평과 세계 — 유럽을 뒤흔든 작달막한 나폴레옹이 그런 사례이다.

> 나폴레옹이나 등소평은 키 작은 인물이지만 능력을 인정받아 역사적인 영웅으로 대접받고 오늘날까지 뭇사람에게 존경의 대상이 되고 있다. 나도 그렇게 살아가고 싶었다.
>
> 얼굴은 자기 덕의 일부다. 웃고 용모를 가꾸고 심상心相을 곱게 하면 풍기는 인상도 표정도 환하게 달라지기 마련일 것이다. 못생겼다고 생각하는 사람일수록 마음을 선하게 쓰고, 행동거지를 바르게 하면 자기 자신은 물론 누구에게든 당당할 수 있다고 굳게 믿고 있다. (「키 작은 뚱보 퍼그」)

어느 때부턴가 그는 열등의식 — 외모의 볼품없음을 아름다움으로 당당하게 치환置換 — 대치代置하면서 겸허한 마음으로 책을 가까이 했다. 독서를 스스로의 부족함을 채우는 계기로 삼은 것이다. 지적 호기심으로 헌책방을 순례하는 학구심이 현실의 좌절감과 열등의식을 막아주는 방패가 되었고 박사학위를 취득하는 원동력으로 작용했다.

책 구입 장소의 일번지는 알라딘 중고서점과 같은 헌책방이다. 서울에 갈 때마다 헌책방이 많은 청계천이나 인사동 등지의 고서점가를 돌아다닌다. 책 속에 있는 지식을 찾아 마음의 양식을 찾아 파주에도 가고 보수동의 헌책방 골목에도 간다.

헌책은 발간된 책을 제때에 읽지 못하고 뒤늦게 지적 호기심이 생겨 읽을 필요를 느끼고 사는 책이다. 새로운 지식을 습득해 가는 과정에서 잊힌 헌책의 내용이 필요해 산다. 그렇게 헌책방을 돌아다니다 보면 오래 전에 출판되어 절판된 필요한 책을 운 좋게 구입하기도 한다. 때론 철 지나간 새책을 헌책 값으로 사는 경우도 있다. 헌책도 책값이 부담스러워 고른 책을 다시 선별하기도 한다. (「독서 예찬가」)

김영봉이 발간하는『매천 황현과 매미의 철학』이란 에세이에는 그간의 독서 편력에 대한 유용한 정보가 곳곳에서 보석처럼 반짝이고 있다. 문학서에서, 역사서에서, 철학서에서 얻을 수 있는 삶의 교훈들이 실전적 생활 경험으로 걸러져 있다.

키 작은 뚱보 퍼그, 첫 부임 하신 총각 함수곤 선생님과 패랭이꽃, 사회생활과 인간관계, 가정사와 생활경제는 물론이고 여행기와 투병기 등 저자가 정직하게 체득體得한 인생철학이 이 책에 농축되어 있다. 인내심 있고 진득한 독자들에게 참살이의 지혜를 제공할 정보들이 시간 투자 이상의 성과를 보장할 것이다.

4.

자전적 성격의 에세이집에 책 제목을 '매천 황현과 매미의 철학'이라 붙인 것이 이채롭다. 문文 · 청淸 · 염廉 · 검儉 · 신信의 오덕五德을 떠올리며 제명題名으로 삼았을 것이다. 중국 진晉나라 육운(陸雲, 232~303)이 지은 「한선부寒蟬賦」에서 유래한 매미의 오덕은, 매천의 시작품을 통해서도 그 함축된 의미를 짐작할 수 있다.

김영붕 박사가 전공했던 매천 황현은 2천여 수의 한시 작품을 남겼다. 그 가운데 매미를 대상으로 지은 작품들이 다수 있다. 「독야獨夜」도 그중의 한 편이다. 전전반측 시름에 잠겨 잠을 이루지 못하는 가을밤, 매천은 탐관오리貪官汚吏들로 인해 발생한 풍전등화와 같은 국가의 위난을 생각하며 「한선부寒蟬賦」의 오덕五德을 떠올렸으리라. '두상유유 즉기문야(頭上有緌 則其文也)/ 함기음로 즉기청야(含氣飮露 則其淸也)/ 서직불향 즉기렴야(黍稷不享 則其廉也)/ 처불소거 즉기검야(處不巢居 則其儉也)/ 응후수상 즉기신야(應候守常 則其信也)'의 내용이 바로 그것이다.

매관매직이 성행하고 을사오적이 나라를 팔아먹은 망국亡國의 그 때, 통탄痛嘆의 눈물을 흘리며 매천 황현은 「절명시絶命詩」를 남기고 생을 마감했다. 『매천야록梅泉野錄』에는 망국 전후의 나라 사정이 정사正史 못지않게 기록되어 사료적史料的 가치가 매우 높다.

대학 시절 『매천야록』을 읽고 크게 감명을 받았던 김영붕은 그의 삶을 동경하면서 진실 되게 살아보려고 노력했다. 그러나 시대 —

현실이 그러한 삶을 허락하지 않았다. 육십 중반을 넘긴 나이에도 '나는 누구인가'를 수없이 되새기며 자성自省의 심정을 담아낸 그것이, '매천 황현과 매미의 철학'에서 우리가 깊이 음미해 볼 대목이다.

『매천 황현 시집(3권)』과 『역주 황매천 시집 ― 속집』과 『역주 황매천 시집 ― 후집』 등 매천의 한시漢詩 전편全篇을 완역完譯한 김영봉 박사에게, 천상天上에 계신 송남 선생도 흐뭇해할 것이다.

자전적 성격의 에세이집에 서평을 붙이는 글을 마무리하며 그의 노년이 아름답고 복된 삶이 되기를 기원한다.

김영봉 에세이

매천 황현과 매미의 철학

인 쇄 2022년 5월 12일
발 행 2022년 5월 21일

지은이 김영봉
발행인 서정환
발행처 수필과비평사
주 소 서울시 종로구 삼일대로 32길 36(익선동 30-6 운현신화타워 빌딩) 305호
전 화 (02) 3675-3885 (063) 275-4000 · 0484
팩 스 (063) 274-3131
이메일 sina321@hanmail.net essay321@hanmail.net
출판등록 제300-2013-133호
인쇄 • 제본 신아출판사

ISBN 979-11-5933-181-7 (03810)
값 13,000원